元気発進

永吉大洋
NAGAYOSHI DAIYO

幻冬舎MC

元気発進

前書き

　北海道中川郡中川町！

　私の生まれ故郷で、本書に登場する町です。北海道の最北部に位置する人口2,300人ほどの町で（「元気発進」メールが書かれた当時）、現在は人口流出がさらに進んで、1,300人ほどまで落ち込んだ小さな町です。酪農や畑作など農業が主な産業ですが、取り立てて特色を見つけるのが難しい寒村です。

　ジャーナリストになることが夢だった私は、早稲田大学を卒業後に北海道新聞社に入社し、根室管内中標津支局に配属となりました。まだ新聞記者として駆け出しの支局員時代、それまでは病気知らずの頑健そのものだった父が突然病に倒れ、余命半年と宣告されました。家業の建設業を継ぐために、ジャーナリストの夢を諦め北海道新聞社を退社しました。

　以来、父亡きあと約30年間にわたり、建設会社の社長を務めました。その間、町政には全く無縁で事業一筋を貫いた私でしたが、多くの町民のご推薦をいただき、1999年、53歳の時に無競争で中川町長に就任しました。しかし次回の選挙では落選しました。1期だけの在任期間でしたが、思えば我を忘れて職務に打ち込んだ4年間でした。小さな町の可能性を探し求めて奔走した4年間……と言い表しても、決して過言ではありません。

　私が町長職に就いて2年が過ぎた頃に、全職員にパソコンが支給

され庁内ランが整備されました。その機会に職員からタイトルを募集して、全職員あての「元気発進」メールがスタートしました。新聞記事の感想や出張先で見聞きしたこと、体験したこと、季節の移ろいや自分の思いなど、毎日のように平易な話し言葉で職員に語りかけました。その毎日の"語りかけ"は、積もり積もって2年1ヶ月で543号に達しました。その時の「元気発進」メールを抜粋したものが本書です。

　先ほど特色を見つけるのが難しい町……と申しましたが、実は隠れた特色がたくさんある町と訂正させていただきます。昭和7年8月14日、歌人の斎藤茂吉が弟高橋四郎兵衛とともに、中川町の志文内（現在の共和）に拓殖医の兄守谷富太郎を訪ねています。茂吉が中川町佐久駅に降り立ったその日は、大変な豪雨の日で、兄富太郎が住む志文内まで、4時間もかかったそうです。茂吉は志文内に滞在した5日間で、47首の短歌を詠みました。

　代表的な短歌は、

うつせみの　はらから三人（みたり）　ここに会ひて

　　　　　　　　　涙のいずる　ごとき話す

　ふるさとの山形県金瓶村を離れて、最北の異郷の地中川町の志文内で17年ぶりに再会を果たした3兄弟は、何を思い、何を語り合ったのでしょうか！

　中川町は、アンモナイトやクビナガリュウなどの化石が発掘される地域でもあります。アンモナイトやクビナガリュウは、白亜紀の

時代に海底であった「蝦夷層群」と呼ばれる地層で発見されますが、それらの化石が数多く発掘される中川町は、多くの地層学者や化石の研究者の垂涎の的となっている町です。それらの研究を推し進めるための前線基地として、また都市住民と地域住民の「学びと交流」の場として、エコミュージアムセンター"エコールなかがわ"が開設されました。

　茂吉も47首のうちで、

この谷の　奥より掘りし　アンモナイト
　　　　　　　　　　貝の化石を　兄はくれたり

　と詠んでいます。そのアンモナイトは、私が上山市の高橋四郎兵衛ゆかりの宿「山城屋」を訪れた時、資料室に大切に飾られていました。

　また中川町は、日本第4位の長流「天塩川」の中流域にあります。冬には雪と氷で閉ざされる朔北の大河天塩川は、中川町の流域内で、春のある日に突然大解氷いたします。「天塩川の氷いつ解ける？」……元祖ユーコン川（アメリカ・アラスカ州、カナダ）の解氷クイズにちなんで、天塩川の解氷時刻を当てるユニークな企画が生まれました。名付けて「天塩川　春・発信 in 中川」。氷が張った天塩川の真ん中に、時計をセットした標識柱「春の扉」を立て、その柱が流されたときを解氷時刻とするものです。標識柱が流されて「春の扉」が開いたとき、日本で一番遅い春が北国にもようやく訪れます！

川が凍る、春にはその氷が解けて川が一気に流れる！　地域住民にとって、開拓期の明治の昔から今日まで何の変哲もない、至極当たり前だと思われていた身近な現象ですが、実は世界的にも大変珍しい貴重な自然現象だと気づかされた時、マチおこしに生かすことができないか、真剣に考え試行錯誤を重ねたものでした。

　"何もない中川"から、"素晴らしさが溢れる中川"へ、まずは自分自身の意識を変えることから、私の新しいマチづくりはスタートしました。わずか４年の短い在任期間でしたが、今振り返れば私の人生の中で、唯一自分自身を真摯に見つめ、自分自身に真正面から挑戦をした、忘れられない大切な４年間……なんだかそう思えてならない昨今です。

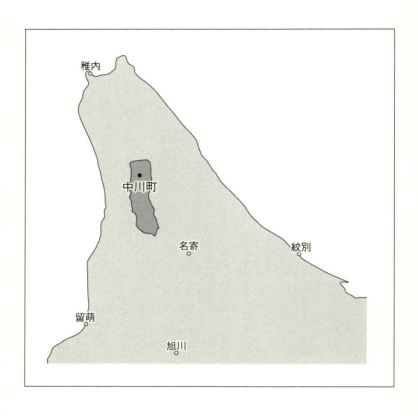

目　次

前書き ……………………………………………………………… 2

元気発進Ⅰ　00/11/20－01/03/27 ………………………………… 9

元気発進Ⅱ　01/04/02－02/03/24 ………………………………… 39

元気発進Ⅲ　02/04/01－03/03/20 ………………………………… 117

後書き …………………………………………………………… 200

元気発進 I

00/11/20－01/03/27

送信メール：元気発進 1号
送信者：永吉 大洋
宛先：《中川町役場》
送信済：00/11/20 午前8：38

独断と偏見と、義理と人情と、色々考えながら、エイヤーと決めました（笑）。

皆さんに募集していました私のメールのタイトルは、「元気発進」に決定です。多くの皆さんにご協力いただき、91点のご応募をいただきました。ありがとうございました。

「元気発進」！！　今日からどうぞよろしくお願いします。

提案者は住民課幸福推進室のＳ君です。

賞金は「北のいぶき」原稿料、税抜きで9,000円の予定でしたが、幸福推進室で一杯やらなきゃというＳ君の気持ちをくんで、私のポケットマネーとあわせ20,000円とします（実はＳ君は自分が本命と知らずに、室でやるのに30,000円は必要だと力説するのです）。

プレッシャーを受けました（笑）。

賞金授与のため、9時に幸福推進室に行きますので、待っていてください（笑）。

「元気発進」のタイトルのように、まずは役場職員から元気を出してほしいと思います。心から期待しています。

本格的な雪です。

元気発進Ⅰ　00/11/20−01/03/27

公務、私用とも交通事故には、くれぐれも注意してください。

送信メール：元気発進 10号

送信者：永吉 大洋

宛先：《中川町役場》

送信済：00/12/07 午後8：26

雪が全くない、歩くと汗ばむほどの東京から、大雪の北海道に帰ってまいりました。

今は差別用語と言われて使いませんが、かつて表日本、裏日本と言われたように、朝、気象情報をテレビで見ますと、太平洋側は全て晴れマーク、日本海側は雨、雪のマーク。

そんな晴れマークの霞ヶ関にいますと、なかなか北海道を始め、条件の厳しい地方に思いを巡らすことは難しいのかな……とつくづく考えてしまいました。

今回、随行研修ということでＩ君を連れて行きました。

本人がどのように受け止めているか分かりませんが、霞ヶ関を歩くだけでも十分に研修の成果はあったと思います。

全国町村長大会も見学できましたし（森総理も間近に見ましたが、挨拶を読み上げていても、すぐ脱線して失言しそうな雰囲気が窺えました）、また早稲田大学の町村長会にも同席を許されて、Ｏ教授の「21世紀の政策課題－少子高齢化と男女共同参画－地方自治体の政策対応」についての講演も聴くことができました。

その講演の中で教授は「変化と変動」ということを述べていました。

結論を先に言えば、常識と非常識は簡単に反転する可能性がある。

元気発進Ⅰ　00/11/20−01/03/27

かつて誰がベルリンの壁が崩壊すると予測しえたか、自民党と社会党が連立を組んで、村山総理が誕生するなど誰が予想しえたか、そしてその時の議長が土井さんであることを想像しえた政治記者はいたであろうか、3日前に橋本元総理が入閣するなど、誰が考えたであろうか。

非常識と考えていたことが、大きな時代の流れの中で常識となっていく現況を踏まえ、一方では日本の常識が世界の非常識となっていることを、絶えず念頭においてほしい……といった内容でした。

上手に説明できませんが、話もくだけていて面白く、もう少し色々聴きたかったというのが本音でした。

町村長大会の前に、有楽町のどさんこ（道産子）プラザに行ってきました。
ちょうど、その日から下川町がワゴンサービスをしていて、売り子役の町職員としばし売れ筋の商品など情報交換をしてきました。
下川町長よりも先に激励してきました（笑）。
皆さん、様々なことを試みていますね。中川町も負けたくないですね。

そうそう、Ｉ君の霞ヶ関での感想を一つ聞きました。
「それにしても町長は、歩くのが速い」……です。
「自分のほうが、コンパスが長いのに」……これはＩ君の心の中です（笑）。

送信メール：元気発進 14号
送信者：永吉 大洋
宛先：《中川町役場》
送信済：00/12/13 午後9：52

今日、12月定例議会の一般質問が出そろいました。
６議員による19項目です。
答弁書につきましては、各課担当の皆さんの手を煩わすことになりますが、どうぞよろしくお願いいたします。
質問書を読ませていただきながら、町が抱えている課題は多いな……と改めて感じたところです。

午後１時から３時まで北海道新聞（以下道新）の記者の取材を受けました。
道北の21世紀の展望……という形のシリーズもので、今年の職員採用試験について、中川町役場や町全体にとっての人材確保の必要性と難しさ、併せて中川町のマチづくりの21世紀のキーワードなどについて聞かれました。
新規採用の学生のところにも取材に行くそうです。
どのような記事になるのでしょうか。１月３日の掲載だそうです。

そうそう、記者の話の中に、故郷を離れた人も巻き込んでマチづくりを展開しては……との意見がありました。私も札幌中川会への取り組みを説明し、いつか東京中川会にまで発展させることができたら……と将来の展望を語りました。

元気発進 I　00/11/20−01/03/27

人口は少ないけれど、その何倍もの応援団が全国各地にいるのです
ね。そのことをしっかり認識して、応援団の協力をいただきながら
頑張っていきたいですね。
記者は留萌地方の出身だそうで、卒業した小学校はすでに廃校に
なったそうです。故郷にもう戻ることはないけれど、とても懐かし
いと話していました。
「故郷を離れた人も故郷のために、きっと何かをしたいと思ってい
るはず」
彼の言葉です。

信じたいですね。

作成中メール：元気発進 21号
送信者：永吉 大洋
宛先：《中川町役場》
作成中：00/12/21 午後7：34

議会ぼけと言うのでしょうか、答弁疲れと言うのでしょうか、あるいは飲み疲れと言うのでしょうか（笑）、議会開会中の昨日までとは打って変わって、緊張感に欠けた一日でした。
議会対策に、夜遅くまで、また休日も返上して、頑張ってくださった皆さんに、厚くお礼申し上げます。

年末を迎え、多くの町外の方が挨拶に見えます。当然、民間の方です。忙しいときには、いささか迷惑に思うこともありますが、できるだけ私も立って応対をしています。
かつて私が民間にいたとき、挨拶に伺って座ったまま対応されると、実にいやなものでした。
民と民の間では、あまりそんなことはありません。民と官の間で、ときたまそういうケースがあります。

公務員というのは、あまり他人に頭を下げることは少なくて、下げられることが多いものです。そこで自分の人間性にみんなが頭を下げている……なんて、恐ろしい勘違いが始まるわけですが、相手が下げているのは自分ではなくて、自分の後ろにあるもの、つまり権力なのですね。

元気発進 I　00/11/20−01/03/27

自分に権力など、何もない……と思う人もいるかも知れませんが、あるのですね、立派な権力が。だから19、20歳の若い職員に5、60歳代、あるいは70歳を超えた人生の大先輩が、ペコペコ頭を下げるのです。

状況にもよりますが、基本的には挨拶を受けるときは自分も立つ、話が続くときは相手に椅子を勧める、こういう姿勢が大切だと思います。当然、皆さんは実行していることと思いますが。
公務員だからこそ、そういう姿勢をしっかり持ち続けたいものです。

今、東京にいる次男から電話があって、「森の学校」2001冬（森学2001冬）の記事が、今日の朝日新聞の夕刊に掲載されていると知らせてきました。
北海道中川町の文字を見たときは、"びっくりした"そうです（笑）。
冬も、多くの受講生が来てくださると良いですね。

コラム1　森の学校

　毎年秋と冬に年2回「森の学校」を開催。テーマは北の大地の自然環境や森、動植物！　講師として、北海道大学中川研究林の学者の皆さんと、北海道林業試験場道北支場の職員の皆さんのご協力をいただきました。

　太古の地層や化石、本物の森、これからの林業、天塩川など、中川町が誇る大自然の魅力を、それぞれの専門家により、学術的な立場から分かりやすく講義をいただくとともに、受講生の皆さんには、実際にフィールドに出て、自分の目と足で探索し、中川

の素晴らしさを堪能していただきました。

　東京をはじめ関東地方の中高年の参加者が多く、普段は味わうことができない、北の大地の厳しさと自然の温もりが織りなす最北の地の魅力を、十分に満喫していただきました。３泊４日の短い学校生活ですが、回を追うごとに、リピーターの数が増え続けたことは、とても嬉しいことでした。

　卒業生の皆さんは、中川町の親善大使として「森学」メールで繋がり、上京中の校長の私を囲む「同窓会」がしばしば開かれたことも、忘れられない思い出です。

送信メール：元気発進 27号
送信者：永吉 大洋
宛先：《中川町役場》
送信済：01/01/07 午後4:00

明けましておめでとうございます。

年末年始の10連休、いかがお過ごしでしたか。
私は、元日の神社参りを終えたあと、6日間も中川町を離れておりました。
実は、こんなに長く中川町を留守にしたのは長男の事故以来で、前回とは異なり、今回はすっかりリラックス、リフレッシュして、ポンピラ温泉・アクアリズイングのコマーシャルのように、リの2乗で帰ってまいりました（笑）。
新しい年を、新しい気持ちで頑張りたいと思います。

それにしても元日の東京は、お店も結構開いていますし、深夜でも電車が混んでいるのには、いささかびっくりさせられました。
服装も様々で、多種多様な人たちが大勢いることに、今更ながら驚かされました。
コンビニもレジに列ができるほどで、缶ビールを1、2本買っている人がたくさんいました。かくいう私も、その一人でしたが（笑）。

5日の夜は、亡き長男が借りていた部屋に泊まり、妻と2人で彼が通っていた近くの居酒屋の新年開店に顔を出してまいりました。

夫婦2人で開いている小さな居酒屋、あるいは小料理屋と言ったほうが良いのかも知れません。
今では、私の東京での夜の定番の店になっています。

息子はいつもカウンター越しに、「大将、頑張ろうよ」と声をかけていたそうです。
「頑張っていれば、きっと良いことがある……って、こんなちっぽけな居酒屋の親父に、若者が励ましてくれたのです」
そんなご主人夫婦の言葉を噛みしめながら、私もいつになく息子と同じように日本酒を口にして、東京最後の夜をしみじみと過ごしてまいりました。

さて明日は成人式。そして、明後日は消防団出初め式。
挨拶回りに予算編成と目白押しの日程ですが、今年も健康に注意しながらお酒も程々にして（？）、皆さんとともに頑張りましょう。

どうぞよろしく。

さよならも　告げずに逝きし　息子（こ）の部屋に
　　　　　　　　　　並びし靴に　足合わせみる

送信メール：元気発進 36号
送信者：永吉 大洋
宛先：《中川町役場》
送信済：01/01/18 午後8:58

昨日の17日、6,432人の命を奪った阪神・淡路大震災から、丸6年を迎えました。

夜のテレビの特集番組では、震災で両親と兄弟を失い、祖父母に育てられた男の子が、祖父をパパ、祖母をママと呼び、両親の写真には決してパパママと呼びかけない様子を、放映していました。
孫と相撲をとるパパ役の祖父は、もう頭も白く禿げ上がり、すっかり老人でした。
男の子にとっても、祖父母にとっても、震災という運命に翻弄されながら、必死にこの6年間を生きてきて、またこの後も心の傷を抱えながら生きていくのでしょう。
ご老人夫婦には、この子のためにもいつまでもお元気で、そして男の子には、強く逞しく生き抜いてほしい……と祈らずにはいられなかったスペシャル番組「いのちを見つめる子供たち」でした。

今朝の新聞は、森総理が追悼式に欠席したことを報じていました。
残念なことですが、風化は音もなく静かに、そして確実に忍び寄ってまいります。
悲しみや苦しみは、当事者だけがいつまでも心の奥に、大切に持ち続けていくものなのでしょう。悲しみや苦しみを受けた分だけ、人

間は強くなっていけるのかも知れません。

犠牲者を追悼して灯された6,432本のロウソクの灯を、テレビ画面
で見つめながら、そう自分自身に言い聞かせました。

送信メール：元気発進 49号

送信者：永吉 大洋

宛先：《中川町役場》

送信済：01/02/03 午後5：39

吹雪はますます激しくなって、何年ぶりでしょうか、国道40号も
ストップしてしまいました。

昨日の午後から、牛乳の集荷もままならない状況で大変心配されま
したが、どうやら除雪も徐々に進み、牛乳の大量廃棄という最悪の
事態は免れそうです。

雪国特有のこととは言いながら、人の往来にも物流にも地域の経済
にも、大きな、深刻な影響を与えてしまいました。

さて、このところ外務省の機密費にも、こんなことがまかり通るの
かと驚かされ、また日航機のニアミスにもすっかり肝を潰しました
が、先日の新大久保駅で起きた、ホームから転落した人を救助しよ
うとして死亡したおふたりの犠牲者には、表現しようのない、苦し
いまでの切なさを感じました。

命は、決して戻ってこないものなのですね。

「他人を助けなさい」と育ててきた
あなたの勇気と尊い行動に感動した

どんな慰めもどんな賞賛も、残されたおふたりのご家族にとって、
心の安らぎになることはないでしょう。

「助けようとした人も死んで、これでは犬死にだ」
どちらの親御さんでしたでしょうか。悲痛な叫びが、今も心の奥に
重苦しく残ります。

"殺身成仁" 「命捨て仁（思いやり）守る」
韓国人留学生李さんの母国での、その勇気を称える言葉です。
いつまでも忘れずにいたいと思います。

送信メール：元気発進 50号

送信者：永吉 大洋

宛先：《中川町役場》

送信済：01/02/06 午前8:51

昨日の夕方、環境に優しい街づくりを目指すエコ先進地研修を終えた四国グループ、九州グループ合わせて総勢10名が、帰町の挨拶に見えました。

私は大事な予算協議の最中でしたので、15分ぐらいの予定で中座するつもりでしたが、研修から戻ったばかりの皆さんの熱気にすっかり圧倒されて、40分も時間をオーバーしてしまいました（笑）。

内子、宇和、そして御所浦、小国、それぞれのエコ先進地域で学んだことや体験したことを、今後の我が町の自然や暮らしに優しいマチづくりの展開に、ぜひ生かしていただきたいと熱い口調の帰町挨拶を受けながら、夢が大きく膨らんでいくように感じました。

報告会が、とても楽しみです。

昨日の午前中、Ｔさんのお別れ会に参列してまいりました。

喪主であるご主人のご挨拶は、奥さんとの出会いや自分の人生観を含め、しみじみとした語り口の中に、愛情溢れる、気品を感じさせる素晴らしいものでした。

深く、深く心を打たれました。

「家内は、この中川が大変好きでした」

新規就農で先に移住していた娘さん夫婦を頼って、大阪から奥さんとともに、転地をしてきたご主人のこの言葉に、何かしらホッと救

われる思いがいたしました。

ベートーベンのバイオリンソナタ第5番「春」の調べが静かに流れるなかで、献花をしながら残されたお父さんに幸あれと、祈らずにはおられませんでした。

昔、もう30年も前になります。

皆さんは、「家族」という映画をご存知でしょうか？

倍賞千恵子、井川比佐志、笠智衆の出演で、監督は、あの「男はつらいよ」の山田洋次さんです。

筑豊で職を失った一家が、はるばる北海道に新天地を求めるというストーリーです。不安と期待と様々な思いを込めて、道東の中標津に到着した一家は、その夜、地域の人々から、思いがけず温かく迎えられました。

新しい大地で、つつましいけれど自分たちの生活が、さぁこれから始まる……という次の日の朝、笠智衆演じる老人は、静かに眠るように亡くなるのです。

あたかも新しい生活に挑む息子夫婦に、未来を託すかのように！

生きるということ、死ぬということ、新しいということ、古いということ、人間は何を託され、そして何を託していくのかなどなど、Ｔさんのお別れ会の帰り道、様々な思いが胸を駆け巡りました。

送信メール：元気発進 51号
送信者：永吉 大洋
宛先：《中川町役場》
送信済：01/02/06 午後9：54

住民の皆さんとの膝を交えての懇談会「膝懇」が、ようやく一段落してホッとする間もなく、13年度予算協議が始まりました。
町の1年間の進み方、方向性の根幹を決めていく作業だけに、各課、各室の皆さんも真剣勝負の面持ちで、実際に財政担当者と火花を散らす場面も何度かありました。
何はともあれ町民のために役立つ予算が、しっかり策定されるように、協力して頑張っていきたいと思います。

そうそう「膝懇」では、ようやくと言いましょうか、かねて懸案の「こうして進む　ことしの仕事」の小冊子を、お配りすることができました。
その後の、ある商店のご主人のお話。
お年寄りがお店に来て、「こうして進む　ことしの仕事」を読み出したら、色々なことが分かってとても面白く、夜11時まで起きてしまったよ……と言ったとか（笑）。

とても嬉しいことです。
お年寄りを寝させないほどの効果があったとは、正直びっくりしました。
ぜひとも来年度は、遅くなった今年の教訓を生かし、もっと分かり

やすく、内容も豊富にして、5月いっぱいで発行できるようにお願いいたします。

先日、札幌に出向いたとき、ある方に庁内に広報編集委員会を作り、担当者、つまりE君を編集長と名付けた話をしましたところ、大変面白いと言ってくださいました。
以下は彼の言葉。
「通信員の名称は、センスがないね。広報担当官とか、報道担当官とか、あるいは特別補佐官とか、アメリカのように少し気取ってみたら。良い意味で、遊び心を取り入れなくては」

そこでK君、どうしましょう？
報道担当官が良いですか？
もっと、奇抜な名前でも良いですよ。
皆さんも、素敵な名称を思い付いたら、提案してください。

ただし、今回は賞金なしですよ（笑）。

送信メール：元気発進 56号
送信者：永吉 大洋
宛先：《中川町役場》
送信済：01/02/11 午後2:56

「稲嶺知事はバカな弱虫」在沖米軍トップ、部下にメール
道新7日付けの朝刊の見出しです。
アール・ヘイルストン沖縄地域調整官が部下に送信した個人的な
メールが、今、大きな反響を呼んでいます。その後、謝罪に訪れた
同調整官を、知事は黙殺したとか。この問題は、根底に虐げられた
沖縄の長い歴史と現状があるのでしょう。

さて、今回の教訓！
私も、「元気発進」で職員の皆さんにメールを送っていますが、決し
て何を書いても良いと言うことではなくて、内容に気をつけなくちゃ。
とは言いながら、先般、総務常任委員会、経済常任委員会が開かれ、
私も懸案の田中繊維や地域開発公社の問題について、お尋ねをいた
だきました。質問に対して、私は自分の考え方をきちんと説明し、
委員の皆さんにご理解をいただけたと思っております。
そういう意味で、説明する機会を与えてくださった両委員会の皆さ
んに感謝しております。
ただ質問が伝聞推定体、つまり"ウワサ"に基づくことが多かった
のは、いささか残念でした。
これって、アール・ヘイルストン調整官のように問題になる？
駄目ですよ、皆さん。メールの内容を漏らしちゃ（笑）。

送信メール：元気発進62号
送信者：永吉 大洋
宛先：《中川町役場》
送信済：01/02/19 午後7:57

今日、税の滞納の時効問題、防水工事の発注漏れに関する処分を行いました。
まことに残念なことですが、事柄の重さ、大きさを真摯に受けとめて、反省をしていかなければならないと思います。
この機会に、全ての職員が自分たちの置かれている立場を今一度見つめ直し、町民の皆様から託されているものとは何か、その責任に思いを巡らしていただきたいと思います。
この不始末をよい教訓として、次の飛躍のためのバネとして、将来の中川町の発展に向けて明るい展望が開かれますように、関係職員は勿論のこと、全ての職員の奮起を期待しております。

議会においても、この問題について厳しいご指摘を受けました。
いつもは反論することも多い私ですが、今日ばかりは議員のご指摘にただ頷くのみでした。
「町長は、いつも職員の意識改革を言うが、この状況を一体何と思う」との痛切なご指摘もありました。
返す言葉もありません。自分自身の指導力のなさを、つくづく恥じるばかりです。

ただ、もしかして胸を張れるものがあるとするなら、今回も議会

（町民）の前に、問題を包み隠さずに明らかにしたことです。

それも速やかに。

それ自体は、決して誇れることではありませんが、この姿勢だけは辛くても苦しくても、今後もしっかり貫いてまいりたいと思います。

それなくしては、私の存在理由さえなくなるのですから。

私も含め、全職員が今一度、原点に戻って足下をしっかり見つめ直し、努力をすることが大切だと思います。

10年後の中川町を見据えたときに、「私たちに、残された時間はあまりに少ない」とは私がいつも言う言葉ですが、本当に時間はありません。

少なくとも、こんな低次元の問題に関わっている時間は。

それにしても明日の道新や北都新聞は、どのように書くのでしょうか？

見たいようでもあり、見たくないようでもあり（苦笑）。

送信メール：元気発進 63号
送信者：永吉 大洋
宛先：《中川町役場》
送信済：01/02/26 午後4:32

　1週間ぶりに、「元気発進」のキーを打っています。
皆さんも、少しホッとしていたところでしょうか（笑）。

　首長勉強会の九州研修から、昨日、雪の北海道に帰ってきました。
福岡市、大山町、小国町、水俣市と回ってきました。
様々な課題を抱えながら、それぞれの市町村が取り組んでいる新しい試みに、ある時は驚き、そしてある時は勇気づけられる今回の研修でした。機会を見て、ご紹介したいと思います。

　今日は、逆境の淵から再生した水俣市の取り組みや、しみじみと心打たれたＹ水俣市長について、少し触れてみたいと思います。

　水俣は、皆さんご存知の水俣病で有名な水俣です。
経済優先、物の豊かさのみを追求していたという時代風潮の中で、水俣病とは、その原因が判明するまでは、「奇病」、「伝染病」と恐れられた、チッソの廃液に含まれる「有機水銀」中毒による病気です。
直接、脳神経を侵す、実に恐ろしい病気です。
古い話ではありません。
昭和20年代に発生し、30年代に原因が特定されながら、現在に

至ってようやく一定の解決を見た、水俣受難の長い歴史があります。何せ、水俣湾の魚が食卓に並ぶようになってから、まだ３年と経っていないのですから。

その苦難と絶望の状況から、水俣は見事に立ち直っていました。
日本一、環境を大切にするマチとして！
水俣病を貴重な教訓として！

Ｙ市長や担当者の皆さんから、様々な苦労話を聴きました。
例えば、水俣出身ということすら隠さなければならない状況で、結婚も破談になり、修学旅行でいじめられ差別までされた話。
漁業だけでなく、農作物も水俣産というだけで全く売れず、患者団体も16にまで分裂し、加害企業、行政と互いに不信感の渦中にあったことなど。

そんな中で、Ｙ市長が話された「もやい直し運動」が、心に深く残りました。
船を港に係留するときに、繋いでいるロープをもやい網と言うそうです。「もやい直し」とは、これが入り乱れて、どの船のもやい網か分からなくなった状態をいったん解き放し、整然と船を並べ直して、またもやい網を繋ぎ直すという意味だそうです。

「もやい直し運動」とはつまり、水俣病を正しく理解して、その上で対話を深めるとともに、利害の相反するお互いの立場の違いを認め、尊重し合いながら、可能な限り一致点を見出していこうという「意識革命」だそうです。

そうした「もやい直し運動」の進展とともに、患者団体の行政への不信感も和らぎ、またお互いに反発し合っていた患者団体同士も、解決のための話し合いのテーブルに着くことになったそうです。

しかし、そこに至る過程の中で、何よりも忘れてならないことは、「水俣病患者に対し、市は十分な対策を取ることができなかった。救済のための役割を果たすことができなかった」という、Y市長の患者や犠牲者に対する真摯な謝罪でした。
それが、「もやい直し運動」を進めるための絶対の前提条件でした。国や県が難色を示す中で、あえて謝罪を断行したY市長に、市民を代表する市長としての存在の所以を、垣間見させていただいたような気がしました。

水俣市についてはまだまだ書きたいことがたくさんありますが、次の機会に譲りましょう。

今日は、「森の学校」（森学）開校日。
どんな方々と、どんな出会いがあるのでしょうか！

送信メール：元気発進 64号
送信者：永吉 大洋
宛先：《中川町役場》
送信済：01/02/27 午後5:31

昨日は、「森学」開校日。

21人の受講生と、楽しい夕べを過ごしてまいりました。

えっ、何が楽しかったのか……ですって？　ビールを飲んだことではありませんよ。

確かに、それもありますが（笑）。

生まれや育ち、年齢も違う21人の受講生の皆さんと、それぞれお互いの人生観を話し合えたことは、私にとって、とてもよい刺激になりました。その刺激を、新たな活力にしてまいりたいと思います。

職員の皆さんがスタッフとして、一生懸命努力している姿も大変嬉しく思いました。開校式を迎えるまでも、その準備に大変な苦労があったことでしょう。スタッフとしての関わり方も、前回よりもすっかり様になってきました。

新しい発見です。

帰ったのは、午前様の12時15分。とても美味しいビールでした（やっぱり）。

しかし今日は、もう少し早く帰るぞ（決意表明……笑）。

前回に引き続き、Ｙ水俣市長について、もう少し触れたいと思いま

す。

懇親会は、お寿司屋で開かれました。

「ぜひとも水俣の安全な魚を、皆さんに召し上がっていただきたいと思い、寿司屋を選びました」とＹ市長。

懇親会の２時間の間、彼は正座を全く崩しませんでした。

患者団体との協議に誠意を持って対応しようと、いつしか正座が習い性になったと話されていました。

彼の信念の強さを物語っているようです。

そうそうＹ市長から、「中川の町長さん、森の学校はいかがですか？ハスカップは見たことがありませんが、どのような物ですか？」と突然質問を受けました。びっくりしました。

予備知識を、しっかり頭に入れているのですね。

たとえ秘書が調べたにしても、なかなかできない努力です。

彼の手許をよくよく観察しますと、カンニングペーパーを持っていました（笑）。

だからこそ、なおさらＹ市長の人間性が、とても好きになりました。

子育ての　終えし母あり　嬉々として

　　　　　　　　鹿笛を彫る　「森の学校」

送信メール：元気発進86号
送信者：永吉 大洋
宛先：《中川町役場》
送信済：01/03/27 午前8:44

昨日、ふるさとメールの打ち合わせをしたあとで、下高井戸の話が
突然舞い込んできました。
31日と1日の2日間、さくら祭りに……だそうです。
いいえ、物産を売る話だけではありません。都会の下高井戸のふる
さとに、中川がなることができないかという、奥行きの非常に深い
話です。
いいえ、突然でも唐突でもありません。役場も商工青年部も、すで
に下見をしての話です。

今は、農産物も乏しい時期ですし……なんて、尻込みする理由はい
くらでも立ちますが、"面白い"という気持ちを、どうしても抑え
ることができません。
中川町の物産を、「森学」の卒業生が売り子になって、呼び込みを
したとしたら！ 想像が次から次へと湧き上がってきます。
と思ったら、もう「森学」メールで担当のK君が売り子を募集して
いました（笑）。気が早い（笑）。

いつの間にか、私まで行く話になってしまいました。
失敗するかも知れませんが、でも失敗を恐れずに、足を前に1歩踏
み出しますか！

元気発進Ⅱ

01/04/02-02/03/24

送信メール：元気発進 91号
送信者：永吉 大洋
宛先：《中川町役場》
送信済：01/04/02 午後6:03

31日、1日と、東京の下高井戸に行ってまいりました。
31日は、思いがけず東京も雪が降って、さくら祭りも途中でダウンする始末。下高井戸商店街の役員の皆さんに、北海道から雪を背負ってきたと、すっかり冷やかされました（笑）。

その夜、役員の方々と懇親会を開きましたが、皆さん、中川町との交流にとても熱心でした。
世田谷区は、すでに50以上の市町村と姉妹交流を結んでいるそうですが、行政主体でなく、地域同士で交流を深めたいとの声も聞かれました。
大きな商店街と人口2,300人の小さなマチと、考えてみますと似た者同士でなく、規模が違えば違うだけ、お互いに補完し合えるものがあるのかも知れません。
ちなみに下高井戸商店街は、世田谷区内でも5本の指に入る元気のある商店街だそうです。ぜひとも将来に向けて、意義ある展開が図れればと期待しています。

まず今年のうちに、同商店街の役員の方々が中川を訪れて、来年からは、子供たちを訪問させたいと話が盛り上がりました。
都会しか知らない子供たちにとり、中川が自然溢れるふるさとにな

れれば……と夢は大きく膨らみます。

1日は、絶好のさくら祭り日和でした。
私は、飛行機の出発時間が迫り、午後3時前に現地を離れましたが、
見物客のあまりの混雑ぶりに、まだまだ売り続けていたい気持ちで
した。そう、これでもなかなか役に立っていたのですぞ（笑）。

31日、1日の両日合わせて、「森学」の卒業生11人がお手伝いに駆
けつけていただき、皆さん、声をからして客の呼び込みをしてくだ
さいました。
ありがとうございます。心から感謝申し上げます。
「森学」1期生、2期生が、このさくら祭りを通じて、より一層、
絆が深まったような思わぬ効用もありました。

さて、今日から新年度です。
我が役場も、フレッシュマンを迎えました。
自治体職員として、今後、すくすくと育ってほしいと期待しており
ます。

それにしても、若いって良いですね。
若けりゃ、なんでも良いのか……ですって？
誰です、僻んでいる人は（笑）。

北の郷　応援せむと　「森学」の
　　　　　　　生徒ら集う　さくら祭りに

送信メール：元気発進 102号
送信者：永吉 大洋
宛先：《中川町役場》
送信済：01/04/14 午後6：03

風は、相変わらず強く吹いていますが、昨日の雨も上がって良い天気になりました。
雪解けも、急速に進んでいるようです。

町長室から眺める天塩川も水量を増し、川幅いっぱいに広がって、満々と流れています。
佐久・安川地区では水道水の汚濁が激しくなり、休日ですが担当課や室では、給水車の出動など敏速な対策に大わらわのようです。
日曜の明日も給水活動が必要な状況で、担当者には連日、ご苦労をおかけすることになりそうです。

さて、「森学」卒業生のＹさんのメールに、四国山地の中央部、高知県吾川村の“ひょうたん桜”の画像を、村のHP「山里」でリアルタイムに見ることができたとご紹介がありました。
“ひょうたん桜”のつぼみから葉桜まで、東京に居ながら楽しむことができたようです。

実は「森学」のメール上では、天塩川の“川開き”が、このところ大きな話題になっていました。
あの雪と氷で覆われた天塩川が、いつから、どのようにして流れる

のか、「森学」卒業生の多くの関心を集めていました。

実際に川が開いたのは、4月6日未明とのことでしたが、そこでY

さんいわく、天塩川のライブ中継で、"川が開く日"など、中川の

四季の移ろいが東京で楽しめたら！！

または校長室（町長室）からの素晴らしい眺めが、HPで見ること

ができたら、とても嬉しいのですが！！

何とかしてみたいですね、皆さん。

送信メール：元気発進 120号
送信者：永吉 大洋
宛先：《中川町役場》
送信済：01/05/15 午後8：14

斎藤茂吉記念全国大会に出席して、昨夜、上山から中川に帰りました。
斎藤茂吉記念館の皆さんには、大変お世話になりました。
特にT研究員は、12日、私が約束の時間より1時間半も早く到着したのに、「もしかすると早い列車で見えるかも知れない」とわざわざ駅まで出迎えていてくださいました。感謝感激いたしました。
その後、2時間も私に付きっ切りで館内を案内していただき、宿まで送ってくださって、全国大会を明日に控えた超多忙なこの時期に、すっかりご迷惑をおかけしてしまいました。

茂吉先生が育った頃と同じ風情で、森の木立の中に静かに立っている、とても素晴らしい記念館でした。展示室だけでなく、研究室や書庫も完備されていて、大変内容が充実していました。
記念館側も、茂吉先生に対する中川町の取り組みについて大変好意的で、今後、中川町との連携を一層深めたい……とのありがたいお話もいただきました。
展示室の壁には大きな日本地図が掲げられて、全国各地の茂吉先生の歌碑の設置箇所が示されていましたが、「北海道3基のうち、2基は中川町です」とT研究員から説明を受けました。その時ばかりは、私もちょっぴり誇らしげに胸を少し反らしました（笑）。

そうそう、同時開催されていた茂吉先生の遺品展で、面白いものを発見しました。

昔のブリキのバケツです。

小用が近かった茂吉先生は、いつもご愛用のバケツを"極楽"と称して、持参していたそうです。極楽とは、うまく名付けたものですね。

そういう状況のときは、本当に極楽と感じますものね（笑）。

茂吉先生は自分でバケツを洗って、その中にいただいた野菜も入れたそうです（笑）。

翌13日は、全国大会の当日。バスで茂吉先生のふるさと巡りをしました。

茂吉先生の生家の守谷家では、昨年、中川でお会いした当主ご夫妻の歓迎を受けました。またご夫妻から、茂吉先生の息子さんの茂太先生を紹介していただきました。

第3回の中川町記念フェスティバルで、中川町を訪れたことがある茂太先生は、大変懐かしがって、天塩川やサケ捕獲場の話が次から次へと出てまいりました。

特に初めての捕獲場見学はとても印象深かったらしく、「サケ君によろしく」と伝言まで言付かりました（笑）。

また中川の斎藤茂吉記念短歌フェスティバルが、子供の応募作品が多いことは素晴らしいことですとお誉めをいただきました。

「子供たちに短歌の面白さを伝えること、そして継続することが大切です」

茂太先生のお言葉です。

レセプションでは、そうそうたる顔ぶれの名士が並ぶ中で、私も挨拶する機会をいただき、「中川での茂吉先生の5日間を大切にいたします」と申し上げました。

「頑張ってください」と茂太先生も励ましてくださり、「ぜひ、中川にまた行きたい」と再度の訪問を約束してくださいました。

とても充実した、実り多い上山訪問でした。

翁草　茂吉の里は　さわやかに

　　　　　　細き路地にも　初夏の風満つ

送信メール：元気発進 121号
送信者：永吉 大洋
宛先：《中川町役場》
送信済：01/05/16 午後6:13

もう少し、上山の話を続けます。

12日の夜は、茂吉先生の弟高橋四郎兵衛ゆかりの宿「山城屋」に泊まりました。全部で10室の小さな宿で、夕食や朝食は、何組もの客が衝立を立てただけの広間で一緒にいただきました。

実は夕食時に隣の席に座った女性3人組が、茂吉先生の話を熱心にするのです。

私も一人でビールを飲みながら、衝立越しに聞くとはなしに聞いていましたが、ほろ酔い気分も手伝って、ついに「明日の大会に参加されるのですか」と声をかけてしまいました（笑）。

それから後は、東京から見えたという女性3人とすっかり意気投合して、翌朝には同じタクシーで会場入りすることになりました（笑）。茂吉先生のふるさと巡りのバスや茂吉先生ゆかりの宝泉寺、生家など、会うたびに声をかけ合い、会釈を交わす仲となってしまいました（笑）。

さて、夜のレセプションでは、私も挨拶する機会をいただき、

あをあをと　おどろくばかり　太き蕗が
　　　　　　澤をうづめて　生ひしげりたる

と茂吉先生の志文内での歌をご紹介して、「中川における茂吉先生の5日間を、大切にしてまいります」と挨拶させていただきました。

拍手をいただいて壇上から降りますと、あの女性3人組が立ち上がって、いつまでも拍手をしてくださるではありませんか。
私も嬉しくなって、華の3人組に近づきますと、「町長さん、とても挨拶が良かった。上手だった。でも、町長さんだから挨拶が上手なのはあたりまえ」と誉められているような、そうでないような！
（笑）

女性3人組とは、推定年齢90歳代1人、80歳代2人。
90歳代の方は、著名な歌人の夫人とのことでしたが、短歌界に無知な私は2、3度、お名前を伺っても分かりませんでした。

旅に出ますと、様々な出会いがあります。
これもまた旅の醍醐味です！

送信メール：元気発進 122号

送信者：永吉 大洋

宛先：《中川町役場》

送信済：01/05/17 午後8：48

今日（17日）の道新夕刊、見ましたか？

なんと女性市長の国立市で、正副議長も女性と載っているではありませんか。驚きましたね。所属がまたすごいですね。議長は共産、副議長は生活者ネットです。

報道によりますと、最大会派から議長を選出するケースが多いが、今回は最大会派の自民は辞退したとのこと、その理由は分かりませんが、都市ではここまで変革が進んでいるのですね。

同じページの「今日の話題」の欄に、「報道の敵」という題で面白いことが書かれていました。

出だしを引用しますと、

……………………

首相の動静を伝える朝刊から「……」が消えて数週間が過ぎた。

「番記者」との関係がこじれた森喜朗前首相の無言の行とは違い、小泉純一郎首相は良くしゃべる。

前首相の敵が報道機関だったのか、番記者の敵が森さんだったのかはともかく、首相の肉声が聞こえてくるのは新鮮だ。

……………………

ふと、自分自身を考えました。

広報の「郷の四季」で、私は毎月、自分の１ヶ月間の主な動向を紹介しながら、様々な事象の中での自分の考え方や思いについて、心に浮かぶままを率直に書かせていただいています。

文章ですから肉声とまではいきませんが、広報に自分の言葉で書くことは、自分自身の人間性を町民の皆様に理解してもらうための、有効な手段であると考えています。

町長が個人的に広報を使って良いのか、あるいは広報を使って自分自身の宣伝をしているのではないかなどの批判があることも、耳に入っています。

私自身、決して文章がうまいわけでもなく、ましてや短歌にいたっては、まさに赤面の至りで、決して得意になっているわけではありません。

結局は、毎月のように恥をさらすことになって、とても辛いときもありますが、しかし、人間永吉大洋を知っていただくためには、その辛さを乗り越えていかなければならないと思っています。

先日、美瑛町で行われた首長勉強会で、ご一緒したニセコ町のK課長に、ニセコにおける実情を尋ねてみました。

ニセコでも〇町長が、広報の半ページにその時折の所感を書いているそうですが、やはり批判はあるそうです。

「でも公人だからこそ、町長の人間性をしっかり町民に理解してもらうためにも、広報掲載は大切なことだと考えています」とK課長は話していました。

ちょっぴり、気が楽になりました。

送信メール：元気発進 126号
送信者：永吉 大洋
宛先：《中川町役場》
送信済：01/05/26 午後5：48

24、25日と２日間、道新TodayのH編集長の取材を受けました。
６月15日発売の道新Today7月号の新しい企画、「編集長が行く」
というルポルタージュの取材だそうです。
今までは、各界各層の方と編集長の対談形式の企画物であったそう
ですが、それでは今一つ面白くないと、今回から編集長が直接現地
に乗り込んで、朝から夜まで当人にぴったり密着取材をし、その人
の考え方や思いを探る……という新しい試みの第１号だそうです。

実際に朝の出勤時から庁舎内の打ち合わせや各種会合への出席、そ
して夜のお酒の席まで密着取材を受けました。
お酒の席では、会場内を回って私に対する町民のナマの声を取材し
ていました。
横で小耳にはさんで、私自身「まいったな」と苦笑することも何度
かありましたが、こればかりは、町民の皆さんの口を塞ぐわけにも
いきませんしね（笑）。

天下の道新ですから、業界誌のように提灯持ちの記事になるべくも
なく、またブラックジャーナリズムのように、一方的な批判だけの
不毛な記事に終わるようなものでもなく、地域に住む人々にとって
何か明るい展望が開けるような、勇気が与えられるような、そんな

ルポになってほしいと願っています。

今回の取材は、町村長会の四国研修に引き続いてであっただけに、私自身、準備は何もしていませんでした。

それだけに、むしろ自分の素顔が出せたのかな……と思っています。

でも、あれも話せば良かった、これも触れれば良かったと、取材が終わった今、反省することしきりです。

答案用紙を貰う受験生の気持ちで、Today7月号を待ちましょう（笑）。

それにしてもＨ編集長から「町長は、就任したときと全く変わっていませんね。２年も経過すれば、世の中の垢も、少しは身についてくるものだけど」と変な誉め方をされました。

これって、もしかすると「成長していませんね」ということの逆説的表現なのでしょうか？（笑）

送信メール：元気発進 139号
送信者：永吉 大洋
宛先：《中川町役場》
送信済：01/06/16 午後4:20

道新Today7月号が、手許に届きました。
5月のH編集長の取材が、「編集長が行く・中川町の挑戦」という
タイトルの記事になって、大きく掲載されていました。

2日間の取材でしたが、さすがにプロですね、マチの雰囲気や状況
を的確に掴んでいる内容でした。
私自身については、いささか誉められ過ぎで恥ずかしい気もします
が、この記事に負けないように、今後一層、気持ちを新たにして頑
張っていこうと思っています。
職員の皆さんも、一つひとつの積み重ねは小さなことかも知れませ
んが、全体として大きな挑戦になっていくのだということを、理解
していただきたいと思います。

かつて、テレビの報道番組に出演したニセコのO町長は、その感想
を聞かれて、「職員が、いやいやながら取り組みさせられているこ
とが、こんなに全国的に評価されることなのかと、認識を新たにし
てくれることが一番嬉しい」と話されたのを、今、思い出していま
す。

中川町においても、サンダル履き禁止や職員の消防団入団など、一

つひとつは取るに足らないようなことかも知れませんが、前向きに取り組んでいくことが、いずれは大きな意識の改革に繋がっていくのだと思います。

取材を終えたときのH編集長の言葉です。
………………………
ニセコ町のO町長の取り組みは素晴らしいと思います。
でも多くの町村は、ニセコは条件に恵まれているから……と羨ましく思いこそすれ、所詮自分たちにはできない、ニセコだからできるのだ、つまり絵に描いたモチに終わってしまっているのです。
しかし、中川町のように北海道の中でも特に条件の厳しいところ、特色のないところ、そんな地域でも懸命に地道に改革に取り組んでいるということが、多くの普通の町村にも、自分たちのマチでもやればできるという勇気と自信を与えることになるのです。
そういう中川町を紹介したいのです。
………………………

改革は、緒についたばかりです。
職員の皆さんの情熱と勇気に期待しています！

送信メール：元気発進 143号
送信者：永吉 大洋
宛先：《中川町役場》
送信済：01/06/21 午後5:59

職員の皆さんの協力をいただいて、定例議会が無事に終了いたしました。
シャンシャンと終われば、それで良いのかってお叱りを受けそうですが、やはり何事もなく終わるのが一番で、いつものことながらホッとしているところです（笑）。

一般質問も７人の議員さんからいただきましたが、いずれも町の当面の課題についての質問で、こんなことを書いたらまた議員さんに叱られそうですが、内容も良かったように思います。
誉めたのだから、メールが漏れても、マア叱られることはないか（笑）。
懇親会の席で、議員さん同士、自画自賛していたことですものね。
私も今回は認めます。良い質問でした（笑）。

さて、S教育長の「教育の理念」についての答弁は、きっといつまでも語り継がれていくでしょうね。
何々、そんなに素晴らしい教育理念を披瀝したのか……ですって？
内容も良かったですよ。本当に。
でも、何と言っても、その長さが。議長の注意を、ものともせず（笑）。

この私が言うのですから、それはもう天下一品の長さでした（笑）。

読み上げた中学生の作文も、良かったですね。最後には絶句して！
できれば、もう少し前に絶句すれば、なお一層、効果的だったのですが。
でも、絶句はどこでするなんて、最初から決めておくものではない（笑）。なるほど、なるほど（笑）。

定例議会が終わって、ふと気がつくともう６月も後半ですね。
この寒さはどうしたことでしょう。
農業に影響が出なければ良いのですが。

今年度もスタートして早や３ヶ月、様々な事業がスムーズに、かつ効率的に実施されますように、職員の皆さんの一層の頑張りをお願いいたします。

送信メール：元気発進 145号
送信者：永吉 大洋
宛先：《中川町役場》
送信済：01/06/23 午後5:20

気温も上がり青空も戻って、初夏の素晴らしさを満喫できる一日でした。皆さんは、いかがお過ごしでしたか。

１冊の本が送られてきました。室蘭市のお医者さんの奥様からです。「雪原に描くシュプール―北国の外科医の独り言」と、タイトルが付いていました。
ご主人の３冊目のエッセイ集だそうです。
その本には、亡くされた息子さんへの思いが、詩とともに切々と綴られていました。息子さんの写真も同封されていました。

昨年のことです。
突然、見知らぬ方からお手紙をいただきました。
私たちが、長男を事故で亡くしていることが、どうして分かったのでしょう。当時の新聞記事でも、決して住所や名前は公表されていないはずでしたのに。
ご夫妻も２年ほど前、24歳の薬剤師のご次男を交通事故で亡くされていました。
「同じ年齢で、とてもよそ事には思われないのです」……最初にいただいたお手紙には、こう書かれてあったと記憶しています。
「何年経っても悲しみは深まりこそすれ、決して薄らぐことはあり

ません」と結ばれていました。

今回のお手紙の最後に、「明後日から夫は大阪の学会へ出かけ、私
も姪の結婚式で上京と相変わらずの忙しさですが、その忙しさが良
いのかもしれませんね」と書かれてありました。
私も、今の私にとって、もし町長でいることが良かったと言えるな
ら、それは気持ちが沈んでいくことが片時も許されないほど、毎日
が忙しいから……だと思います。

....
まるで全力疾走で駆け抜けたような、24年の生涯でした。
目を輝かせ声を弾ませ将来の希望を語った君を、おとうさんは忘れ
ることができません。
....
ご主人の、息子さんを悼む詩の一節です。

今日は土曜日。
町長職を忘れて、少し感傷的になりました。

送信メール：元気発進 151号
送信者：永吉 大洋
宛先：《中川町役場》
送信済：01/07/03 午後5:47

ウーン、あいにくの雨ですね。

昨日、下高井戸商店街の6名の役員の皆さんが、到着いたしました。

今回は、残念ながら抜けるような青空も、爽やかな初夏の風も、溢れるような草原の緑もご用意できませんが、それは次回に譲るとして、「真心」だけはしっかりお見せしたいと思います。

異業種交流グループや役場の若い連中が、頑張ってくれているようです。

実り多いものになればと期待していますが、でも結果だけでない、こういう盛り上がりが大切だと思っています。

でも少しは晴れてほしいですね！……正直なところ（笑）。

あいにくの雨降りの中でしたが、グリーンヒラキでは、全員が屋根付きのヤードで乗馬の体験をしたとのことでした。

ただ1人だけ65年前に、つまり子供のときに馬に乗った経験がある方がいらして、「65年ぶりですよ」と半ば興奮状態で喜ばれていました（笑）。

今朝は、K牧場で放牧している牛に触ったあとで、会館に場所を移してバターづくりや手作りのチーズ、ヨーグルトの味見など、都会では考えられない貴重な経験を楽しまれました。

やまべ釣りにも挑戦して、最新情報によりますと6匹の釣果！
中には、一人で3匹釣り上げた方もいたそうです。
「下高井戸の子供たちに、こんな楽しさを味わわせてあげたい」
訪れた皆さん全員の一致した感想です。

不思議なご縁でスタートした交流ですが、都会と地方の本物の交流
となるように、頑張っていきたいですね。

明日（5日）は、朝6時半に出発して、東京での臨時全国町村長大
会に出席してまいります。
地方交付税や道路特定財源の見直しが、"地方切り捨て"に繋がら
ないように、地方の実情を無視した改革とならないように、しっか
りとアピールしてまいります。
（と大きなことを言っても、町村長会の一員として、決議に拍手を
するだけですが）（笑）

送信メール：元気発進 159号
送信者：永吉 大洋
宛先：《中川町役場》
送信済：01/07/21 午後5:06

東京滞在の16日午前中に、先日、中川までお越しいただいたお礼に、下高井戸商店街のN理事長さんをお訪ねしたところ、ぜひ……というお話をいただき、17日の東京最後の夜を下高井戸の居酒屋「T」でご一緒することになりました。

ちょうど、その日は「T」のお客様のゴルフコンペの日で、主催者の「T」のご当主もN理事長さんも、長野県のゴルフ場から急いで帰りますとのこと、すっかりご迷惑をおかけしてしまいました。
東京ではバスを仕立てて、日帰りで長野県までゴルフに行くのですね。
変なところで、すっかり感心させられました（笑）。

当日、「T」には、中川にお越しいただいた副理事長さんや区議会議員さんも、一足先に待っていてくださって、ほぼ10日ぶりのご対面となり、話に花が咲きました。
そのうちに「T」のご当主やN理事長さんも到着し、にぎやかな懇親会になりました。
皆さん、異口同音に中川の素晴らしさを語ってくださいました。
残念ながら悪天候でしたが、やまべを釣ったことや牛に初めて触ったこと、バターづくりや最北端の宗谷岬訪問の思い出など、中年を

過ぎた年齢の皆さんが、まるで少年のように目を輝かせて話されていたのが、とても印象的でした。

たくさんのお誉めの言葉もいただきました。
一言で言えば、中川町はとても人情に厚いマチ……ということに、尽きるのかも知れません。
バーベキューハウスでの食事の夜に、自己紹介で商工会のY君が感極まって涙声になったことなど、「K君とY君は、最初から頑張っていたものなぁ。自分も胸にジーンときたよ」。N理事長さんのお言葉です。皆さんも深く頷かれていました。

「何としても来年は、子供たちを行かせますよ」と頼もしいお言葉も聞かせていただきました。
私も、居酒屋「T」をアンテナショップに見立てて、山菜を始め地場の特産を送り込みますよ……と約束してまいりました。

外はムンムンする熱気で、あまりに美味しいビールだったものですから楽しく酔ってしまって、「T」に預けておいた中川下高日記に書き込みを忘れてしまったことが、ちょっぴり残念だった下高井戸の夜でした（笑）。

送信メール：元気発進 173号
送信者：永吉 大洋
宛先：《中川町役場》
送信済：01/08/07 午後6：36

昨日は、広島原爆の日でした。
小泉総理も出席して、平和記念公園で「原爆死没者慰霊式並びに平和祈念式」が開催されました。

参列者も、すっかり高齢の方が目立つようになりましたね。
そう言えば、テレビ報道では、昭和20年8月6日の広島原爆の日を、広島に住む子供たちすら、分からない子が多くなったと伝えていました。
歴史や記憶は、徐々に風化していくものなのですね。
たとえ月日はどんなに過ぎても、決して風化させてはならないもの！！
その大切なものを、伝え、受け継いでいくことが、今改めて求められているのでしょう！

元安川をゆらゆら漂う灯篭の灯は、今まで大切に保存していた原爆投下の次の日に焼け跡に残っていた火を、「火種」として使用したものだそうです。
そう思うからでしょうか、灯篭の灯は皆、悲しみ色に染まっていました。

悲しみ色って、どんな色……なんて、野暮なこと聞かないでくださいね。

送信メール：元気発進 176号
送信者：永吉 大洋
宛先：《中川町役場》
送信済：01/08/11 午後5:06

昨夜の大富地区で「こうして進む　ことしの仕事」の説明会が、一通り終わりました。企画財政室の皆さん、ご苦労様でした。
結構、住民の皆さんが集まってくださったところ、また集まってくださらなかった地区など様々ですが、多くのご意見やご注文をいただきました。これから町政全般にわたって、住民の皆さんの声を生かしてまいりたいと思います。

最後の大富地区では、Kさんから「マチおこしセミナー」について、「今までのセミナーが評価できるかどうかは別にして、町長と町民がフランクに話し合う絶好の機会であるので、ぜひ再開してほしい」と要望を受けました。思ってもみなかった、とても嬉しい要望でした。
「あんなセミナー、ただやっているっていうポーズだけじゃないか」と言われても仕方がないのに、再開を待ち望んでいる人がいたとは！　ちょっぴり自信がついた大富地区の説明会でした。

説明会が終わって、帰りの車の中で、「早く、セミナーを開こうね」と私。
「あまり構えなくて良いのですね。今日のようにざっくばらんで、率直な話し合いができれば」とT室長も勇気づけられたようです。

元気発進Ⅱ　01/04/02−02/03/24

私自身、色々と勉強させられた「こうして進む　ことしの仕事」の
説明会でした。

送信メール：元気発進 186号
送信者：永吉 大洋
宛先：《中川町役場》
送信済：01/08/23 午後6:48

台風は心配したほどのこともなくて、何よりでした。
海外研修を目前に控えて、大忙しの日程をこなしています。

昨日は、道新旭川支社の勉強会に出席してまいりました。
6人のデスクと記者に囲まれて、さしずめ検事と被告の関係と錯覚するような、2時間の厳しい尋問にも、耐え抜いてまいりました（笑）。

テーマは、市町村広域合併問題や地方交付税の削減、公共事業の抑制などが中心でした。
いずれも我が町にとって、重たくて、明るい展望が期待できない問題や課題ばかりですが、決してギブアップしないこと、勇気を持って取り組むことなどを中心に話をしてまいりました。

補助金のカットや敬老祝い金の年齢引き上げ、納税奨励金の廃止なども話題に上りました。記者の中に5年ほど前、名寄支局の支局員をしていた人がいて、彼いわく「自分は横浜出身で、道新に入社し初めて地方に出て強く感じたのは、地方に住む人たちは補助金漬けに慣れている、補助金を貰うことが当然だと思っているということでした。
中川町も、その典型的なマチであったと記憶しております。

元気発進Ⅱ　01/04/02−02/03/24

永吉町長になって、どうしてこのような改革に町民が理解をするように
なったのか、そのポイントはどこにあると考えますか？」等の
質問もいただきました。

難しい質問でした。的確な答えは、なかなか見つけることができません。
エッ、何と答えたのか……ですって？　聞きたいですか？
それは時代の流れや大きな変革の認識を、私や職員のみならず、町
民の皆さんも肌で感じているのです。
求められているものは、職員の意識改革だけでなく、町民もまた変
わっていくことです。
町民の皆さんの意識も、徐々にではあるかも知れませんが、やはり
変わっていっているのです。

ちょっと、優等生過ぎたかな（笑）。

サンダル履き禁止についても、話題になりました。
サンダル履きは、公務員的体質の象徴（？）ということで、意見が
一致しました（笑）。
「それで、今でも徹底していますか？」と問われましたので、「ええ、
それはもう」と答えてきました。少し口ごもりながら（笑）。
その後、懇親会にも出席して様々な意見交換をし、中川に帰ったの
は11時を過ぎていました。

さて、当分の間、海外研修のため「元気発進」もお休みとなります。
ホッとしたなんて、はっきり言わないでください（笑）。

67

送信メール：元気発進 188号

送信者：永吉 大洋

宛先：《中川町役場》

送信済：01/09/08 午後6：19

ヨーロッパ研修から帰るやいなや、実に慌ただしい日程で、当別町、
札幌市と1泊2日で回ってきました。

我ながら結構体力があるなと感心しています。あるいは気力かな
（笑）。

当別ではスウェーデンヒルズの道新研修センターで、道新の9月採
用職員の研修に講師として招かれたものでした。

午後3時から6時までの3時間、途中10分間のトイレタイムを挟
んだだけで、2時間の私の話に1時間のディスカッションと、将来
の記者の卵たちと楽しいひとときを過ごしてまいりました。

9月入社はほとんどが転職組だそうで、同じマスコミ界からの転職、
あるいは全く異質な世界からの挑戦など様々でしたが、皆揃って目
が輝いていました。

食事のときに私の前に座った女性は、山口県山口市出身、大学は東
京で、北海道には縁もゆかりもなく、ここで私の新しい人生を切り
開きます……と決意を語っていました。

私は講演の中で、私の新聞記者時代の話や、外から見た道新の話、
また現在、町長として取り組んでいることなどを、色々紹介させて
いただきました。

弱者の気持ちが理解できるジャーナリストに育っていただきたいと、力説してきたつもりです。

我ながら、たいした講演内容ではなかったと反省していますが、翌朝、朝食を終えたあとで、人事部長から研修生たちの日誌を見せていただきましたところ、多くの研修生が私の話に感銘を受けた、情熱を感じた、もっと聴きたかったと記されていたことは、とても嬉しいことでした。

人事部長から、「通常は講演を聴いてもあまりこんなことは書いてこないのですが、今回は例外です」と聞かされて、すっかり感激しました。
ナンダ、自慢話かって、言わないでください（笑）。
本当のことなのですから（笑）。

7日は正午から、食事時間も入っていますが約4時間、K北大教授とH美瑛町長と3人で、鼎談をしてまいりました。道町村会出版の冊子「フロンティア180」の記事用です。
「民間出身首長の自治体意識を問う」というタイトルでしたが、すっかりK先生に問われっぱなし（笑）で、非常に疲れました。
時差ぼけもあり、頭の血の巡りも悪い状態でしたが、マア、編集の際に何とか助けてくれるでしょう（笑）。

昨日はその後、帰るやいなや「森学」の交流会に直行し、楽しくお酒を飲んで、今日は先ほど修了式を終えたところです。
今回は私もあまり出席できませんでしたが、受講生の皆さんはとても喜んでくださったようです。また一つ自信がつきましたね。
いよいよ来週から平常勤務に戻ります。

送信メール：元気発進 193号
送信者：永吉 大洋
宛先：《中川町役場》
送信済：01/09/14 午後5：39

昨日の敬老会は、大勢の高齢者の皆さんのご出席をいただいて、楽しくなごやかに開催されました。

ご参加いただいたお年寄りの中から歌ったり、踊ったりする人が、年々多くなってきたことは、大変嬉しいことです。手作りの敬老会の感じが出てきたようで、とても良かったですね。

私も、「職員＆その仲間たち」というタイトルで、今年もまた桃太郎を演じましたが、多くのお年寄りの皆さんに喜んでいただけたと感じています（笑）。

昨夜は、札幌に出かけて、北大北方生物圏フィールド科学センターの設立式典に出席をしてまいりました。

祝賀会ではテーブルスピーチをする機会をいただいて、「森の学校」を始め、地域として北大研究林に大変お世話になっていることのお礼を申し上げてきました。

スピーチの中で、「森学」では私は校長ですが、今度からは「総長」と呼ばれたいと述べますと、最前列に座っていたN北大総長を始め、皆さんどっと笑いの渦に包まれて大きな拍手をいただきました（笑）。

今夜は、いよいよ「斎藤茂吉懇談の夕べ」です。

講師の先生のほか、全道各地から短歌愛好家の皆さんが訪れます。
短歌論議が楽しみです。

送信メール：元気発進 213号

送信者：永吉 大洋

宛先：《中川町役場》

送信済：01/10/07 午後5:28

札幌中川会、旭川中川会の皆さんが、昨日今日と２日間、秋の青空の下で、ふるさと中川を楽しまれて帰られました。

総勢55人という、思ってもみなかった多くの皆さんにご参加をいただきました。

昨夜の交流会、そして今日のあきあじ祭りと、ふるさとの素晴らしさを十分満喫されて帰られたことと思います。

交流会では、町民の方にも一部ホスト役として、ご参加をお願いしました。

それぞれのお友達や出身地区ごとに話が弾んで、おおいに盛り上がりました。

最後に、「ふるさと」を全員で歌ったときには、こんなにも中川をふるさとと思ってくださる方たちがいらっしゃるのか……と心の底から嬉しさが込み上げてきて、思わず胸がジーンと熱くなりました。

今、両中川会の皆さんを、無事に送り出してホッとしたところです。

担当した課や室の皆さんは、準備も含めて大変でしたね。ご苦労様でした。

最後は食事の給仕までさせることになりましたが、参加者の多くの皆さんから「職員と聞いて、びっくりした」「職員がここまでやるとは」「町長、素晴らしい職員を持っているね」など賞賛の言葉を

たくさんいただいたことを、紹介しておきたいと思います。

勿論、ただ作れば良いというものでないことは分かっていますが、東京中川会も早く軌道に乗せたいですね。
都会で暮らす方たちほど、ふるさとに寄せる思いが強いのかも知れません。
そういう人たちに、ふるさとを誇りに思っていただけるような、そんなマチを力を合わせて作っていきましょう！

今日、東京に行く予定でしたが、私の道新時代の直属の上司が中川に見えましたので、急遽、出発を明日にしました。
私が支局員のときに、支局長だった方です。
つまり、当時、赤ペンで私の文章を直してくれた人です。
原稿が真っ赤になったこともありました（笑）。
その当時は厳しいと感じましたが、今思えばよく鍛えてくれたと感謝しています。

北帰行　訪ねし郷に　待つ人も
　　　　　「ふるさと」歌う　心一つに

送信メール：元気発進 222号

送信者：永吉 大洋

宛先：《中川町役場》

送信済：01/10/25 午後6:18

昨日の夕方に、道北地方視察中のH北海道開発局長が見えました。
議員さんたちとの名刺交換のあとで、一部、職員も加わって懇談の
席を用意させていただきました。
タウンミーティングと洒落たつもりでしたが、慣れないせいか、あ
るいは戸惑いもあったのでしょうか、議員の皆さんはすっかり陳情
口調になってしまって（笑）。
議員さんも、結構緊張していましたものね。

わがままを申しましたが、快く引き受けてくださったH局長に、改
めて感謝したいと思います。
「前例」は作れば良い、自分で結論を決めてしまわないで、しっか
り主張することなど、懇談の中で学ぶことは多かったはずです。

キク芋は　味噌漬けにせし　古き世の
　　　　　習い聞かされ　掘り出す夏

ようやくY公民館館長から、キク芋の味噌漬けが届けられました。
茂吉先生が歩かれた志文内の道を探索したとき、話題になったあの
キク芋です。
いいえ、Y館長が間違って、ただの雑草の根をかじった、あのキク

芋と訂正したほうがよろしいでしょうか（笑）。

安川のＣおじいちゃんが、栽培していたものだそうです。

サクサクしていて、とても良い歯ざわりです。

漬物だけでなく、何かほかに利用できないのか、考えれば考えるほど面白い展開が生まれそうです。身の回りに目を配ると、もっと色々なものが見えてくるのかも知れませんね。

菊芋と　ハンゴン草を　掘り違い
　　　　　　　　根をかじりおる　友は何もの

Ｋ教育次長作　だそうです（笑）。

明日は、人間ドックに行ってきます。

送信メール：元気発進223号
送信者：永吉 大洋
宛先：《中川町役場》
送信済：01/10/28 午後6:32

厚生病院での人間ドックを終えて、帰ってまいりました。
結果はどうであったか……ですって？
まあ、それなりに人生を長い間歩んでおりますと、色々と不具合も生じてまいります（笑）。

今日は、職員採用試験がありました。
町村会の1次試験に合格した2人について、町の2次試験を行いましたが、おおよそ一日がかりですので、2人とも疲れたことでしょう。
試験を実施する側の私たちも疲れました。
そして、改めてつくづくと感じさせられました。人を評価するということの難しさを！
8人の試験官たちも、今頃はそれぞれ自己嫌悪に陥っている頃かも知れません（笑）。

先日、札幌での北大北方生物圏フィールド科学センターの設立総会でお会いした北大のS工学部長から、天塩川の大解氷の状況を録画したビデオテープが送られてきました。
ユーコン川の大解氷のビデオテープとともに。
天塩川のような大きな川の結氷は、世界的にも珍しいものだそうで

す。

勿論、日本では小河川は別にして、川一面が結氷するのは多分天塩川だけでしょう。

そのことは、地域の誇り……とまで言わなくても、もっと大切にして良いことなのかも知れません。

そう言えば、今日の集団面接に試験官として加わってもらったK君が、しきりにオンリーワンという言葉を使っていました。

天塩川の大結氷や大解氷は、まさにオンリーワンと言えるでしょう！

ナンバーワンよりオンリーワンへ……このあたりに、地域おこしのカギが潜んでいるような気がいたします。

送信メール：元気発進 225号
送信者：永吉 大洋
宛先：《中川町役場》
送信済：01/11/01 午後9:20

実は先日の札幌出張の2日目の夜、道新の昔の同期生と居酒屋で一杯やりました。

何の予定もない札幌の夜というのは、滅多にありませんが、今回は珍しく空いていましたので、どうだ……と声をかけますと、延べ8人が集まってくれました。

延べ8人というのは、新聞記者の宿命でしょうか、みんな一堂に会することができず、出たり入ったりして何とも落ち着かないのです（笑）。

例えば、昨年マチおこしセミナーで講演をお願いしたI論説副主幹は、30分程度中座して本社に戻り、社説の最終チェックをしてから、再び宴席に戻ってきましたし、I編集局次長は席を離れて、帰ったのかと思うといつの間にかまた加わるなど、私たちの酒の飲み方とは、少しばかり異なっていました（笑）。

飲むほどに酔うほどに、私も役場の編集長や広報担当官、論説主幹の話題などを披露しましたが、本物のI論説副主幹いわく、ぜひ職員の方々に実際の論説委員室を見てもらいたい、そしてどのような議論を経て社説が作られていくのか、自分の目で確かめてほしいとの提案がありました。

元気発進Ⅱ　01/04/02－02/03/24

思いがけない展開に、すっかり嬉しくなりました。

自己啓発事業に該当するかどうかは別として、Ｓ室長とも協議しながら、職員研修に取り上げたいと思っています。

先ほど、Ｉ論説副主幹に確認の電話を入れたところ、もうすでに論説主幹にＯＫをいただいたとのこと、やはりスピードが速いですね。

11月下旬、もしくは12月上旬の実施を考えています。

編集委員会もあることですし、どのようにして人選するか、研修担当とも相談したいと思っています。

今日の新人研修報告会は、参加人数も少なく寂しく感じました。

どのようなことにも挑戦する職員であってほしいと思います。

送信メール：元気発進 227号
送信者：永吉 大洋
宛先：《中川町役場》
送信済：01/11/06 午後10:57

今回の東京出張は、実に充実した出張でした。
勿論、いつの出張でもそれなりに意義はありますが（笑）。
でも今回は、単なる会議への義務的な出席とは違って、中川町が今後能動的に動いていくきっかけになるような、ターニングポイントになるような、特別な意味があるような気がしました。

３日の夕方は、東京中川会の発起人会が開かれました。
いよいよ来年１月の設立総会に向けて、動き始めました。
お集まりいただいた10人の発起人の皆さんの、それぞれのふるさとを想う気持ちも、じっくり聞かせていただきました。
大都会という砂漠の中で、中川というふるさとを軸にして、みんなが心を一つにすることができたなら……
今更ながらとても素晴らしいことだと感じました。
「森学」からも３名の卒業生が出席してくださいました。
中川に対するいつもながらの熱い心に、ただただ感謝するばかりです。

翌４日は、午前中、斎藤茂太先生をお訪ねしました。
上山の茂吉記念館がコアで、中川を始め茂吉先生とゆかりのある全国の各地域が、それぞれサテライトとして協力する……という私の

考え方に、茂太先生は全面的にご賛同してくださいました。

特に奥様は身を乗り出して、「上山の茂吉記念館にとって、どんなに心強いことでしょう」と大変喜んでくださいました。

私たちが持参した、茂吉記念フェスティバルのポスターや志文内峠の写真、サケ君の写真も感激をしてしばし見入ってくださいました。

茂吉先生が実際に歩かれた道が、当時の情景とともに再現できるところは、おそらくは志文内峠を除いては、あり得ないと思います。

ぜひ、志文内峠を全国の茂吉ファンのメッカにしたい……など、少しどさくさに紛れて話してきました（笑）。

そして、なんと来年6月、北海道の花咲く季節に、茂太先生は中川にお出でくださることを、約束してくださいました。

茂太先生は第3回のフェスティバルに見えていますので、6年ぶりになるのでしょうか。これを契機に中川町の茂吉記念フェスティバルも、ぜひ新たな展開を図っていきたいですね。

今日は、茂吉先生と同じ郷里の、山形県新庄市の議員さん3名が見えて、私も懇親会に顔を出してまいりました。明日は行政改革の視察で、役場を訪れます。

その資料づくりで、懇親会を終えた後、再び役場に戻りました。

久しぶりの「元気発進」メールです（笑）。

ふるさとの　思い出語る　人は皆
　　　　　　　瞳輝く　少年になる

送信メール：元気発進 262号
送信者：永吉 大洋
宛先：《中川町役場》
送信済：01/12/21 午後7：30

ようやく2日間にわたった定例議会の全てが終わりました。

正直なところ、やっぱりホッとしますね。

かつて、M元町長やM前町長が、議会が閉会したあとで「ヤレヤ
レ」と安堵しているのを目にして、何でそんなに大変なのかな……
と冷ややかに眺めていたのですが。

今は、ちゃんと理解することができます（笑）。

旭川開発建設部が早速、天塩川の誉大橋の下流・水位観測小屋横の
コンクリート柱に、カメラを設置してくださいました。

スピードがありますね。まるでお役所でないみたい（笑）。

天塩川の状況が、そこから一目瞭然です。

まだ真っ白の雪原だけの風景ですが、来年の4月頃は、大解氷の様
子をばっちりと全国放映してくれることでしょう。

中川町のHPにアクセスが殺到して、HPが開けないなんて、想像し
ただけでも嬉しくなります。

そんな状況になってみたいものですね（笑）。

そんなにアクセスがあれば、中川町の色々な情報を満載しますと、
当然ながら全国の多くの人々が見てくれることになりますね。

その時、どんな情報を発信できるのか、そもそも発信できる情報は
あるのか、そう考えますと、胸がわくわくするとともに、こうして

はいられない気持ちになってまいります。

気がつくと、今年も残り10日です。
色々なことがありましたが、もう歳末ですね。
皆さん、9連休の予定はいかがですか？

送信メール：元気発進263号

送信者：永吉 大洋

宛先：《中川町役場》

送信済：01/12/22 午後5：35

今日は、「森学」の卒業生で、今回、東京中川会設立の発起人にも
なっていただいている通称「姉御」から、お叱りメールをいただき
ました。

今回のお叱りは、私たちが日頃、見過ごしてしまいがちなところを、
鋭く指摘されているような気がいたします。

そこで、広く職員の皆さんと情報を共有して、自分自身を振り返り、
考えていただく材料にしていただければと思い、転送いたします。

．．．．．．．．．．．．．．．．．．．．．

「ふるさと会員」の件ですが、去年私の友達が「ふるさと会員」に
なってくれました。

それで、12月に送られてきたアイスがとても美味しかったので、
自分の友達に送ってもらおうと思い、役場に電話をかけたらあちこ
ちたらい回しにされた挙げ句に「これはふるさと会の人だけにしか
送れない」と言われ、取り付く島もありませんでした。

一生懸命にマチが発展しようと頑張っている姿に応援しようと思っ
ていましたし、せっかく美味しくて人に紹介しようと思ったのに、
そんな扱いを受けて、今年は「ふるさと会員」の登録をやめます
……と言われてしまいました。

たしかにマニュアルにない仕事内容だったかも知れません。

元気発進Ⅱ　01/04/02－02/03/24

しかし、そういう人をひとり失うということは、その人脈を切って
しまったということです。

私も大型スーパーで仕事をしていますが、お客は、信じられないか
も知れませんが「なにもここで買わなくても、他で買うからいい
よ！」となるのです。

こちらでは「口コミ」というのが、一番怖いのです。

もし、今後このようなことがあったら、「できない」と即答しない
で、どうすれば送ることができるかを努力してみてから、折り返し
電話をするということをしてみていただければと思います。

……………………

職員の皆さんとともに、このアドバイスを真摯に受け止めたいと思
います。

そして職員全員が、このマチのセールスマン（ウーマン）になるよ
うに、心がけていきたいものです。

送信メール：元気発進 264号
送信者：永吉 大洋
宛先：《中川町役場》
送信済：01/12/23 午後5：19

待って、待って、待ちくたびれるくらい待っていました。
ようやく昨日、朝日新聞夕刊の都内版に「森の学校」生徒募集の記事が掲載されました。
さてどんな反響があるでしょうか。今日と明日は連休ですが、連休明けの火曜日が楽しみです。
都会生活に疲れた多くの人たちが、殺到して応募をしてくれる……なんて、大きな夢を見ているのですが、人生を甘く考えていますか（笑）。

さすがに都内版の記事は、それほどの大きさではなかったようですが、それはしょうがないですね。何せ天下の朝日ですものね。
道内版は実に大きな記事でした。また見出しが良かったですね。

心癒され都会人の輪
中川町「森の学校」2年
卒業生は町の応援団に

支局長は「記事は何度ともなると、鮮度が落ちるので……」と話していましたが、なるほど記事の内容は今までの募集要項の紹介とは異なり、視点を変えて卒業生の「森の学校」に対する思いなどに焦

点を当てていました。

うまいものですね。感心させられました。

あとは応募者がたくさん！　祈るような気持ちです。

昨日皆さんに紹介した、電話をたらい回しされて、不快な思いをされた方のメールアドレスが分かりましたので、お詫びのメールを送りました。

何とか、また町の応援団になっていただけると良いのですが。

明日は午後から旭川・札幌方面に挨拶回りに出かけます。

今年最後の出張です。

担当者からは、天塩川大解氷クイズの寄付金集めの、きついノルマも課せられています（笑）。

送信メール：元気発進266号
送信者：永吉 大洋
宛先：《中川町役場》
送信済：01/12/26 午後7:38

2泊3日の、今年最後の挨拶回りから帰ってきました。
さすがに師走の札幌は、人も車も数珠繋ぎで、せわしいというか慌ただしいというか、不景気とは言いながら例年通りの雑踏の年の瀬でした。

さて開発局でH局長にお会いして、天塩川大解氷クイズの要項をお見せしたところ、天塩川に立てる目印のポールを標識ポールと呼ばずに、それが流されて春を迎えるのだから、「春告柱」、あるいは「告春柱」など、若い人たちの感性で愛称を募集してごらんなさいと言われました。
そして、いずれはその柱に「森の学校」の受講生が、彫刻家ビッキーのように模様を彫り入れるとか、何か新しいアイディアをどんどん取り入れたら……とアドバイスをいただきました。

そこで職員の皆さん、みずみずしい感性溢れる皆さん（笑）、
明日中に柱の名前を募集します。
我こそはと思う方は、ぜひ応募してください。
冬から春へ……天塩川の大解氷が終わって、ようやく道北は明るい春を迎える！　そんな弾むような気持ちを表した柱の名前を募集します。

そう言えば、長野県の諏訪大社のお祭りのご神木は、「御柱」と言いましたね。

実に勇壮な7年に1度のお祭りで、死者が出ることもあるようです。

「死者」は困りますが。

グッドネーミング、よろしくお願いいたします。

朝日新聞の旭川支局長は、「町長、最初は参加者が少なくても、ぜひ長い間続けなさい。大雪山に初雪が降るニュースが、全国発信されるのと同じように、天塩川の大解氷は道北の春を告げる風物詩になる可能性がありますよ」と話してくださいました。

道新の名寄支局長は、「川が凍るなんて信じられない沖縄の人たちにPRするときは、沖縄の地元紙を紹介しますよ」とおっしゃってくださいました。

ともに、勇気づけられるお言葉です。

送信メール：元気発進 268号
送信者：永吉 大洋
宛先：《中川町役場》
送信済：01/12/28 午後12:11

標識柱の愛称を、たまたま担当のK君とダブって募集しましたが、
短い時間の中で8名の応募がありました。
そこで肝心の愛称ですが、私の独断と偏見で、いや私とマチおこし
推進室の独断と偏見でと訂正いたします（笑）。

決定しました。
「春の扉」です。
選考理由は申し上げません。そこが独断と偏見たるところです（笑）。
柱が氷とともに流されて、春を迎える！
柱が流されたあとは、そこはもう春！
「春の扉」
なかなかロマンチックな良いネーミングだと思いますが、皆さんは
いかがですか？

併せて、今回募集していませんでしたが、タイトルも変えました。
今までは、「天塩川 大解氷 in 中川」でしたが、「天塩川 春・発信
in 中川」にしました。タイトルなんて募集していないのに、応募
してくる図々しい職員が1名おりました（笑）。
「天塩川 春・発信 in 中川」のタイトルで、標識柱が「春の扉」。
素敵じゃありませんか（笑）。

元気発進II　01/04/02−02/03/24

以上、ネーミングについての顛末です。

今日、まちづくりコーディネーターのYさんからメールをいただきました。
来年1月12日に、Yさんが主催する市民政策研究グループ「LRTさっぽろ」の勉強会を中川町で開きたいとのことでした。
Yさんは、皆さんご存知の通り、昨年中川町で開催された上川、宗谷、留萌の3支庁合同観光シンポジウムで講師を務められた方です。
その後、北広島市のエコに関するシンポジウムでも、ご一緒しました。
それ以来、色々と中川町のマチづくりについて、アドバイスをいただいております。

当日は、同研究会のメンバーの皆さんに、中川町の「エコミュージアム」や「森の学校」などをPRすることもできそうです。

「12日夕食は、役場若手の方などお手すきの方がいらっしゃれば、合流歓迎です」とYさんのメールの最後にありました。
絶好の機会ですね。いかがですか、皆さん。

いよいよ、今日が大詰めです。
休み中は事故などないようにして、良いお正月を迎えてください。

送信メール：元気発進 275号
送信者：永吉 大洋
宛先：《中川町役場》
送信済：02/01/12 午後2：48

今日は、まちづくりコーディネーターのYさんの勉強会が中川町で
開かれる日です。
勉強会にふさわしい場所は、札幌近郊にいくらでもあるでしょう
に！
わざわざ遠い中川町を選んでくださったYさんに感激です。
先ほど、一行8名をJR天塩中川駅にお出迎えしてまいりました。
勉強会の合間に、「町長、中川町のPRをどうぞ」とせっかく時間を
いただきましたので、午後4時頃から約1時間、エコミュージアム
や森の学校、茂吉のネットワークなどについて、お話をしてくるつ
もりです。
勿論、今ホットな話題の「天塩川 春・発信 in 中川」についても
PRをしてまいります（笑）。
勉強会のあとは、会食にも参加させてもらうつもりです。

8名の皆さんは、札幌市で市民シンクタンクを目指している政策研
究グループ「LRTさっぽろ」のメンバーで、札幌市の職員が3名、
コンサルタント関係が2名、その他Yさんを始め民間の方3名とい
う色分けだそうです。
中川町のマチづくりについても、彼ら彼女らから新しい提言なども
いただけるのではと期待しています（8名中、2名が女性です）。

先に、「元気発進」メールで、職員の皆さんの参加を呼びかけましたが、希望者はいませんでした。

内輪だけでなく、外部の方々と広く接することも、自治体職員には必要なことだと思います。そして、その方々が政策研究グループの人たちであるとしたら！

せっかくの機会ですのにね。

もったいないですね。

私1人だけが勉強して、職員の皆さんとまたまた距離感が出てしまっても……と考えるのは、私の思い上がりですか？（笑）

泉に馬を引いて行っても、水を飲むのは馬自身が決めることですものね（笑）。

大きなお世話……ですって？

ハイハイ、分かりました（笑）。

送信メール：元気発進 276号
送信者：永吉 大洋
宛先：《中川町役場》
送信済：02/01/13 午後3：03

成人式を終えて、町長室に戻りました。

今年は23名の該当者のうち、出席者は16名でした。年々、少なくなってきますね。

かつて中学生時代に、仲の良い学年だったのでしょうか、式典の始まる前から最後の最後まで、笑い声の絶えない明るい新成人の皆さんでした。一緒に参加していて、私たちまでその明るさや楽しさのお裾分けをいただいたような気分になりました。

1人ずつのスピーチのとき、「将来は中川に戻ってきたい」など嬉しくなるような話をしてくれる若者もいて、町長としては思わずニッコリしてしまいました（笑）。

「生きるということは、いばらの道を歩くようなもの」という言葉がありますが、新成人の皆さんには、今後、たとえ苦しくても自分自身が納得できる人生を送ってほしいと思います。

それにしても、カラーワイシャツや茶髪が多かったですね（笑）。それを見ていて、あまり違和感がなくなってきたのが不思議ですね（笑）。

昨夜のYさん一行との懇親会に、私の「職員は誰も希望者なし」

メールを見て、S教育長が突然参加をしてくれました。

さすがに、市民シンクタンクを目指している政策研究グループ「LRTさっぽろ」のメンバーの皆さんです。

それぞれ自己紹介から始まって、どんな思いでこの活動に参加をしているのか、その動機や役割をビデオも交えながら聞かされるうちに、この懇親会に出席して良かったと確信できたのは、私一人ではなかったと思います。

S教育長も同じ思いであったことでしょう。

若いメンバーの皆さんの新しい発想やその意気込みに、圧倒されたような気がいたしました。

わずかな時間でしたが、新鮮な刺激を全身に受けて、充実した気持ちで懇親の席から帰りました。

ちなみにLRTとは、「ライト・レール・トレーン」の略で、マチの市街地から車を排除して、郊外と市街地を新しい型の電車で結ぶ考え方だそうです。ドイツでは、人口30万人の都市で成功しているそうです。

この貴重な機会に、職員にも参加してほしかったというのが、偽らざる今の私の心境です。

もっと平たく言えば、職員は参加しないで損をしたとも、付け加えたいですね（笑）。

成人の　式に臨みて　省みる
　　　　　　五十路に立ちて　想い新たに

送信メール：元気発進 280号
送信者：永吉 大洋
宛先：《中川町役場》
送信済：02/01/18 午後6:02

安川のＣおじいちゃんから届いたキク芋の粕漬けのお裾分けを、私もいただきました。口に入れますと、そこはかとない淡白な味が広がってまいります。
そこで一首です。

キク芋に　真心こめし　老人の
　　　　　思い伝わる　粕漬けの味

お粗末でした（笑）。
「天塩川 春・発信 in 中川」の実施要項に一部、修正を加えました。
大きな修正点は、なんと会費を無料にすることです。
なぜか……ですって？　子供から大人まで、より多くの人たちに参加していただけるようにと、熟慮に熟慮を重ねた結果です。
新しい試みには、試行錯誤がつきまといます。
（これって言い訳みたいですね。ええ、完全な言い訳です……笑）。
爆発的な応募者数に対応が難しいなんて、嬉しい悲鳴を聞きたいような、聞きたくないような（笑）。やっぱり嬉しい悲鳴は聞きたいですね（笑）。
実際、どのくらいの応募者が殺到するか、事務局としても予測は難しいというのが本音です。でも天塩川や中川町の知名度アップには、

元気発進Ⅱ　01/04/02−02/03/24

画期的な企画ですね！

送信メール：元気発進 281号

送信者：永吉 大洋

宛先：《中川町役場》

送信済：02/01/19 午後4:02

昨日の私のメールの中の短歌を、覚えていますか？

　キク芋に　真心こめし　老人の
　　　　　　思い伝わる　粕漬けの味

我ながら、即興にしては感じがよく掴めている短歌だなと、心の中で自画自賛（笑）していました。
そこでこの短歌を、上山の茂吉記念館の記念歌集第28集に投稿することにしました。昨夜は商工会の新年交礼会のあと、2次会にも行かず（誘いもなかったというのが、本当のところです……笑）、早く帰宅して推敲に推敲を重ねました。

その結果、次のような作品になりました。
なんだか手のうちをばらすようですが、まだ応募を決断していない皆さんの背中を、少しでも押すことができればと思って（笑）、ご披露いたします。

　菊芋に　まごころこめし　開拓の
　　　　　　想い伝わる　粕漬けの味

カタカナと漢字、あるいはひらがなの使い方は、それこそ感じです。
格好よく言えば、感性っていうやつです（笑）。

ホレ、まだ応募を決めていない優柔不断なあなた、そうあなたです
（笑）。
勇気を持って投稿してください。
投稿するのに、勇気なんかいらないぞ……ですって？
ごもっともです（笑）。
でもそれは、投稿してから言ってください（笑）。

送信メール：元気発進 288号

送信者：永吉 大洋

宛先：《中川町役場》

送信済：02/01/30 午後7：52

3泊4日の札幌・東京出張から昨日帰ってきました。
札幌中川会に東京中川会、そして「天塩川 春・発信 in 中川」の
PR活動と、実に忙しく目まぐるしい4日間でした。

札幌中川会は2年目の交流会でもあり、この1年間、"よさこい祭
り"に出場する中川チームのお手伝いをいただき、またあきあじ祭
りにもご参加いただくなど、役員の皆さんを始め多くの顔馴染みの
方々が増えていましたが、東京中川会は、ほとんどの方が初顔合わ
せとあって、本当にお集まりいただけるかどうか、心配なところも
ありました。
でも発起人の皆さんのご努力をいただき、80人近くもよく集まっ
てくださったというのが、偽らざる正直な感想です。

東京という大都会のど真ん中で、中川という小さなか細い灯りを頼
りに、集合してくださった皆さんに、心から感激しました。
たとえどこに住んでいようとも、ふるさとというものはかけがえの
ないものなのですね。
今回、つくづく実感しました。
忙しい都会生活に疲れれば疲れるほど、ふるさとへの思いは、一層
深まってゆくものなのでしょう。

ご出席いただいた皆さんの目の輝きを見て、途中経過では様々な苦労もありましたが、東京中川会を設立して良かったと思ったのは、私一人だけの感慨ではなかったと思います。

会場は新宿のＳホテルのレストランでした。
70人までは椅子席を用意できますとのことでしたが、人数オーバーの嬉しい誤算で立食になりました（笑）。
私も各テーブルをご接拶して回りながら、上手に言葉で言い表すことはできませんが、たとえようのない満足感、充足感に浸った東京・中川会の交流会でした。

ふるさとの　話題伝えし　記事を読む
　　　　　　　　老いも若きも　目を凝らしつつ

送信メール：元気発進 306号
送信者：永吉 大洋
宛先：《中川町役場》
送信済：02/02/21 午後6：37

昨年お越しいただいた山形県新庄市の市会議員さんから、メールを
いただきました。まだ慣れていないのでしょう、尻切れトンボのよ
うな文章ですが、でも実感がすごくこもっていて、なんだか私も嬉
しくなってきました（笑）。
以下、ご紹介します。
………………………

昨年ご当地にお邪魔しました。町長さんより毛ガニ、ご馳走になり
ました。とてもとても美味しかったです。内地では食べられません。
感動でした。
解氷のハガキ出しました。妻も私の話を聞き、素晴らしいと喜んで
出しました。当たると良いですね。果報は寝てまて。
………………………

短いメールですが、気持ちがしっかりと伝わってくる文面です（笑）。

古い新聞を遡って読んでいましたら、これはぜひとも皆さんに紹介
しなくては……という記事を見つけました。
私が勝手なことを言っていると誤解されても困りますので、きちん
と記事の出所を明らかにしましょう。国会の予算委員会の参考人質
疑でも、文書を引用するときは、そこが肝心ですものね。
毎日新聞2月8日（金）の「みんなの広場」という読者の声の欄です。

内容については私のコメントは要りませんね。皆さんに考えていただく材料として提供いたします。

………………

公務員はスリッパで執務するな
　　　　会社員 Y.N.（40）（静岡県清水市）

なぜ、公務員はスリッパをはいているのですか。官庁を訪れるたびにいつも思います。

普通の会社に勤めている私には理解できないことです。

会社では、お客と応対する時にスリッパでは失礼だと思います。お客である一般市民と応対する公務員は、スリッパをはくこと自体が市民を馬鹿にしていると感じないのですか。

この感覚を変えないと、公務員の改革はできないのではないでしょうか。一生懸命仕事をしていても、スリッパだとのんびりと遊んでいるようにしか受け止められません。

公務員の意識改革は、国民はお客様であることを考え、国民に対していかに最良のサービスをするかを、公務員一人一人が考えることから始めないと進まないと思います。

「認可を出してやるから」とか「認めてもらいたければ」などと考えているうちは改革できません。

まずは、国民が公務員は変わったと思えるよう、少なくとも見た目からでも始める気になってもらいたいものです。

………………

正直なところ、私より厳しいですね（笑）。

でもこれが国民、市民、住民の目線であることに、職員の皆さんも早く気がついてほしいものです。

送信メール：元気発進 314号
送信者：永吉 大洋
宛先：《中川町役場》
送信済：02/03/03 午後9:16

昨夜の佐久地域のエコミュージアム説明会は、この冬一番の嵐だったにもかかわらず、35人を超える大勢の住民の皆さんにお集まりいただいて、とても感激しました。
エコミュージアムセンターの概略説明に始まり、エコ先進地の山形県朝日町の紹介ビデオの上映や質疑応答、最後はセンター内をくまなく見ていただきましたが、皆さん、とても喜ばれているご様子が伝わってきて、私もすっかり嬉しくなりました。

ここに至るまでには、佐久地域の皆さんと様々な食い違いがありましたが、これからはきっと良い展開になっていくことでしょう。
そんな明るい前途を暗示するような、昨夜の出席者の嬉しそうな表情でした。

「ネットニュース」のトピックス欄で、注目の記事として天塩川大解氷が紹介されました。昨夜から今朝にかけてです。
「ネットニュース」のトピックスで中川町の記事が掲載されたのは、勿論初めてのことでしょう。
最後に（毎日新聞）とありましたので、今朝の毎日新聞を広げますと、道新でいえば「こだま」の欄にあたる「雑記帳」というコラムで、「春の扉」が写真付きで紹介されていました。これは全国版ですね。

それにしても、「ネットニュース」の威力はすごいですね。

アクセス数は現在、54,454回に達しました。昨夜一晩で、2万回を超えたことになります。トピックスは、多くの人が見ているのですね。

何でも話題性を持たなくては駄目と、先日、S旭川開発建設部次長にご指導いただいたばかりですが、「天塩川 春・発信 in 中川」……話題性だけは十二分にありました（笑）。

今度は、これをどのようにマチおこしに結びつけていくか、高度な戦略が要求されそうですね。

「ネットニュース」のトピックスを見た、私のメル友のメールです。
………………………

見ました。毎日「ネットニュース」のトピックスはチェックしていますが、

「春の扉」が紹介されていて、思わずにんまり。

最近暗いニュースで町の名前があがることが多い中、元気のいい中川町のニュース。

中川町ファンとしては「すごいでしょ」と我が事のように自慢したい気分でした。

それにしてもアクセス数、すごいですね。

「春の扉」をきっかけに、全国の方々が中川町に注目し、例えば斎藤茂吉短歌フェスや、森の学校、エコミュージアムへと参加してくれることになりそうな予感がします。

自治体職員としては「負けちゃおれん」とちょっとライバル心なども出てきて……。
………………………

送信メール：元気発進 317号
送信者：永吉 大洋
宛先：《中川町役場》
送信済：02/03/07 午後5:50

先日の「東京中川会」に出席してくれた私の中学時代の同級生から、
例の３月３日の毎日新聞が送られてきました。
ふるさとを離れて40年、東京で思いがけず新聞紙上に発見したふ
るさと中川町の名前！
その驚きと嬉しさが、そのまま伝わってくるかのような手紙を添え
て！
そう言えば、彼女は東京での会合の時も、本当に喜んでいました。
私も中学校以来、40年ぶりの再会でした。
「昨年12月に主人が病気で倒れて、小さな子供の世話と商売もやら
なきゃならないし、出席できそうにないと半ば諦めていましたが、
でもやっぱり無理しても来て良かった」……
そんな気持ちを彼女は笑顔で語ってくれました。
もしかすると、彼女が「東京中川会」開催を一番喜んでくれたのか
も知れません。

手紙の最後は、小さな子を今年こそ中川に遊びに行かせますと結ば
れていました。
真新しい毎日新聞が、２部、同封されていました。
読んだあとの新聞ではなく、わざわざ新しい新聞を買って送ってく
れたのですね。

都会で生活する多くの同郷の人たちに、少しでもふるさとへの誇り
と自信を持っていただけたら！
そう考えますと、ふるさと会の役割は、とても大きなものがありま
すね。

今夜は、「森学」の最後の夜……つまり交流会のある夜です。
それでは、昨夜、一昨夜の交流会は、何だったのかって聞かれると
弱いのですが、マア、今夜は大々的なパーティといったところで
しょうか（笑）。
１月にお出でになった「森学」１、2期生のＮさんからいただいた
お酒「多摩自慢」を抱えていきます。
町長室の冷蔵庫で、今日まで大切に保管していました。
「森学」のパーティで飲んでいただければ、Ｎさんも喜んでくださ
るでしょう（笑）。

送信メール：元気発進 318号
送信者：永吉 大洋
宛先：《中川町役場》
送信済：02/03/08 午後8:11

「森の学校」が終わりました。

飲み会専門の私でさえ、ピーンと張り詰めていた気持ちが緩んだような、そんなホッとした気持ちになっているところですから、スタッフの皆さんは、さぞヘトヘトになっていることでしょう（笑）。

スクーリングそのものは3泊4日ですが、準備期間を入れますと約半年間もの長丁場ですものね。

お疲れ様でした。

昨夜の交流会では、自己紹介の時に感激のあまり思わず涙ぐむ方もいて、とても良い雰囲気でした。

涙ぐめば雰囲気が良いのか……なんて、言わないでください（笑）。

彼女は名古屋から上湧別に半年前に来たばかり、お友達もまだできず、こんなに「森学」の皆さんと打ち解けられてと喜びを語っていました。

ご主人が北海道で教師になりたいとの長年の夢が実現して、今回上湧別に来たのだそうです。

「主人も参加したがっておりました。次回は必ず一緒にまいります」

「森学」の輪が、一層大きくなりそうです。

修了式には例のごとく、受講生全員に親善大使の名刺をお渡ししました。
家庭でも職場でも、また友人と会うときも、この名刺の小道具で話がきっと弾むことでしょう（笑）。

サア「森学」が終われば、いよいよ月曜日から定例議会です。
一般質問には、何が出てくるのでしょうか？
楽しみでもあり、怖くもあり……といった心境です（笑）。

はるばると　未知を求めし「森学」に
　　　　　　　　娘に代わり　三度来し母

送信メール：元気発進 323号
送信者：永吉 大洋
宛先：《中川町役場》
送信済：02/03/13 午後7：48

「森学」2期生のKさんから、嬉しい「森学」メールをいただきました。
担当のK君が早速お礼のメールを送りましたが、私も、この何とも言えない嬉しさを個人的に占有してはいけないと思い（笑）、ここで皆さんに紹介いたします。

....

前略
あーあ、去年の今ごろは私もひどい「中川病」を患っていたなぁ！などと思いを馳せていた矢先、なんと日曜日の朝、息子のサッカーの試合用のお握りをにぎりながらJ-WAVEを聞いていると、「中川」の話をしているではありませんか！
「天塩川の雪解け当てクイズ？？？」「賞金100万円？？？」
ナビゲーターのサッシャが「こんなのヒントでもないと分からないですよね。どなたか天塩川を見たことある人とか、中川町の関係者の方とかいませんか、どんどん応募してください」
すかさずFAXで応募しました。
「私は去年の今ごろ天塩川を見ました。私は中川町の親善大使です。『森の学校』の卒業生です。天塩川の雪解けはズバリ4月5日でしょう。なぜならその日は、私の長男の中学の入学式だからです」

３分後にJ-WAVEのディレクターから電話。
「天塩川の目撃者として、サッシャの電話インタビューに生で繋げたいけど良いですか？」
　５分後にサッシャから電話がありました。「天塩川の様子を教えてください」
「はい、とにかくガチガチに凍っていました。『森の学校』の授業で習ったかも知れないけれど、全然覚えていません」
　電話を切ってから、ああもっと親善大使として「森学」や中川町やアンモナイトやクビナガリュウの話をいっぱいすれば良かったと後悔しています。
　どなたかこの放送を聞いていませんか？
　でも、卒業以来、初めて！　少しは中川のお役に立てたかしら？
　………………………
　私たちの知らないところで、中川が話題になっている！
　とても素晴らしいことだと思います。
　勿論、悪い話題では困りますが（笑）。

　考えてみますと、応募ハガキを送ってくださった延べ２万人を超える人たちの家庭や職場、あるいは行きつけの居酒屋（笑）などでも、当然、中川が話題になっているわけで。
　つまり中川を話題にする人たちのすそ野が確実に広がっている。
　そのことが、とても嬉しいのです。

　氷山の一角……という言葉がありますね。
　もしかすると、あまり良い意味では使われない言葉かも知れません（笑）。

でも、今回のメールに書かれたことは、たとえは悪いかも知れませんが、良い意味で氷山の一角だと思います。
ラジオで取り上げられる前には、水面下、実に多くの様々なところで話題になっていると！
これは、いずれ大きな力になると思います。
いいえ、大きな力にしていかなくてはなりません。

それが、どんな経済効果があるのだ。いくら儲かるのだ……などと短絡的な考えではなくて！
そうです！
富田ファームは利益だけを求めて、ラベンダー栽培を続けたのではありませんね。でも、結果として素晴らしい花が咲き、北海道が誇る大観光地に成長しました。
遅まきながら、中川は今、懸命に種を撒いていく時期だと思います。
今こそ、地道な努力が求められていると思います。
収穫は、後世に委ねましょうね。
若い人は、刈り取ることができるかも知れませんが（笑）。

話が少し大きくなりました（笑）。
それだけ嬉しいＫさんの「森学」メールでした。

送信メール：元気発進 326号

送信者：永吉 大洋

宛先：《中川町役場》

送信済：02/03/17 午後4:58

ついに……と、言うべきでしょうか、やっぱり……と、言うべきで
しょうか、「春の扉」が、16日未明に開きました。

マチおこし推進室の徹夜の監視もむなしく！

公式時計が止まってしまいました。

その運命の時刻は、16日午前4時22分でした。

暖冬とは思っていましたが、こんなに早く、例年よりも半月以上も
早く、川が開けるとは考えられませんでした。

締め切りが過ぎてから、もう少し時間的に余裕があって、町民の皆
さんと川を眺めながら、川開きを話題にして楽しむことができたな
ら！

そう考えますと、こんなに早い今年の川開きはちょっぴり残念です
が、でもこれも動かしがたい自然の摂理……人為的でないという証
明でしょう。

応募のハガキは3万通に迫る勢いで、15日消印有効のため、まだ
まだ到着している状況が続き、整理もついていません。これは、嬉
しい悲鳴と言うべきでしょうね（笑）。

22日に、正解者の正式発表を行いますが、さて、ピタリと当てた

幸運な方は、いらっしゃるのでしょうか？

希望を述べれば、道外在住でネクタイを締めていない方、かつ40代から50代の女性であればと思います。

その心は？

皆さんのご想像にお任せいたします（笑）。

皆さんから提出いただいた、人事異動自己申告書に目を通しております。

今回の提出は41人でした。

この数字が多いか少ないかは、それぞれに判断いただくとして、今回の申告書が、皆さんにとって数少ない自己PRの絶好の機会と考えますと、広く世間に言われている通り、公務員の方々は、やはり自己PRが下手というのが率直な感想です。自己PRできる機会を自ら放棄しているのですから。

自己PRして何になる……なんて考えるのは、旧世紀型の人間ですね（笑）。ましてや言わなくても分かる……なんて錯覚するのは、明治生まれ（笑）。

言っても無駄……っていう考え方もありますが（笑）。

意識を変えるって、言葉で言うのは容易いですが、実際には難しいですよね！

送信メール：元気発進 330号

送信者：永吉 大洋

宛先：《中川町役場》

送信済：02/03/24 午後7:13

4日ぶりの「元気発進」メールです。

4日も間が空くと、なんだかメールを書こうと思っても、"今浦島"のような心境です（笑）。

さて、この間に例の「春の扉」の正解者が発表されました。

実際には正解者はなく、ニアピン賞でしたが。

公式発表は、解氷時刻とは3分違い、道内の会社員ということでしたが、来年こそはピタリ賞が出てほしいものです。

今年は思いがけずの暖冬で、解氷日時も中川では考えられないほど早まり、予想外の展開となりました。また初年度とあって、仕組みや考え方にも一部、不備や甘いところもありました。

反省点を改善して、来年はもっと素晴らしいイベントにしていきたいと思います。

何せ、7万5千回を超えるホームページへのアクセス、2万7千通を超える応募ハガキをいただいたのですから。

旭川開発建設部のS次長のお言葉が思い出されます。

……………………

話題性のあることに、挑戦する。

失敗だったら止める。少しおかしいところがあったら、軌道修正して挑戦する。

まず挑戦することが大切だ。

挑戦せずして、自己規制することは、これからの時代に合わない。

．．．．．．．．．．．．．．．．．．．．．．

「春の扉」も挑戦したからこそ、様々な問題点も見えてきたと思います。その問題点を解決しながら、来年に向けて頑張りますので、よろしくお願いいたします。

それにしても、時間的に余裕のない中で、スタッフの皆さんにご苦労をおかけしました。

何々、まだハガキの整理がつかず、苦労は終わっていないですって？

まことに申し訳ありません（笑）。

いつの日か　ユーコンしのぐ　夢を見る
　　　　　　　　　「春の扉」に　思い託して

元気発進Ⅲ

02/04/01－03/03/20

送信メール：元気発進 334号
送信者：永吉 大洋
宛先：《中川町役場》
送信済：02/04/01 午後6:04

30日と31日、１泊２日の忙しい日程に追われながら、東京に出張してまいりました。

東京へは冬物の背広を着ていきましたが、これは大失敗でした。電車の中では、半袖姿の女性があちこちにいるくらいの暑さで、その横に汗ぐっしょりになった私がいました（笑）。

なんと、私は見た！

１人だけノースリーブの若い女性もいました（笑）。

下高井戸のさくら祭りは、肝心の桜はすでに盛りを過ぎていましたが、ポカポカ陽気に誘われて、人出は昨年よりも一段と多く、押すな押すなの大盛況でした。

出店もずらりと並んでいましたが、一番人気は贔屓目なしに我が精鋭部隊！

目の前でジュージュー焼き上がるフランクフルトソーセージが、行列ができるほどの大人気を呼んでいました。

実は隣のお店もソーセージを焼いていましたが、そこは開店休業のありさま。

「来年は事務局に場所替えをお願いしなければ」と、店主はすっかりしょげ返るほどの痛手ぶりでした。

元気発進Ⅲ　02/04/01－03/03/20

一方私たちは次回、今流行りの「行列のできる店」看板を作ろうか
などと、ジョークも飛び出しました（笑）。
今回もまた、「東京中川会」や「森学」の皆さんのお手伝いをいた
だきましたが、そのお手伝いがなければ……と考えますと空恐ろし
くなるような、それほどすごい大繁盛ぶりでした。

「東京中川会」、「森学」の皆さん、２日間で延べ20名近くもの方々
に、売り子や呼び込みなどでご協力をいただきました。
いつものことながら、すっかり甘えさせていただきました。感謝感
激の気持ちでいっぱいです。

さて、31日午前には、府中に斎藤茂太先生をお訪ねして、９月13、
14日の茂吉記念フェスティバルのご出席をお願いしてまいりまし
た。
茂太先生は、今週末から約２ヶ月、船旅で世界一周旅行にお出かけ
になるそうで、その直前の訪問でしたが、すぐに中川にお越しいた
だくことをご快諾してくださいました。
足を痛めていらっしゃる奥様も、杖をついても行かせていただきま
すと、今回のご招待をとても喜んでくださいました。
何とか、茂吉生誕120年にふさわしい記念フェスティバルにしてい
きたいものですね。

茂太先生との会話の中で話題になりましたが、上山の最新の記念館
便りに、中川町から申し出があったネットワーク事業を、理事会が
正式に決定と掲載されていたようです。
色々なことが、少しずつ動き出してまいりますね。

送信メール：元気発進 340号
送信者：永吉 大洋
宛先：《中川町役場》
送信済：02/04/09 午後8：52

珍しく今日は予定が一つも入っていませんでしたので、旭川まで挨拶回りに出かけてまいりました。

カレンダーに予定が一つも入らない日は、一体、一年に何日あるでしょうか。滅多にないのですよ。決して忙しいふりをしているわけではないのですが（笑）。

さて、伺ったどこの役所も４月１日の人事異動を経て、赴任着任を終えたばかり。新規採用のフレッシュマンも加わり、慌ただしい雰囲気の中にも、何か生き生きとした躍動感を感じました。

４月という月は、そういう季節なのですね。

さて、振り返って我が役場はいかがでしょうか？

元気の良いフレッシュな新人２人を迎えて、職場は活気に満ちていますか？　去年と今年は何も変わらず、もしかすると一昨年と今年も何も変わらず……マンネリ化した職場生活を送ってはいませんか？

今日の挨拶回りの中で、オットドッコイ、それで良いのか……なんて、考えさせられたことがありましたので、皆さんに紹介いたします。私を含めて、他山の石にしてまいりたいと思います。

元気発進Ⅲ　02/04/01-03/03/20

ちょうど私がご挨拶に伺ったとき、その方は机に向かって書き物を
していましたが、失礼しますと私が声をおかけしたところ、机から
顔を上げずに左手だけを差し出してくるのです。
名刺をその手のひらの上に置けということでしょう。
「初めまして、中川町長の永吉です」とご挨拶をいたしましたら、
びっくりして慌てて立ち上がりました。

誤解のないように付け加えます。町長と名乗ると慌てていたなんて
ことを、自慢っぽく書きたいのではありません。
むしろ書きたいことはその逆です。町長でなく一般の方だったら、
多分その方は、最後までそのような態度で応対を続けていたと思う
のです。
そのことが、恐ろしいのです。依然としてまだそのような旧世紀型
人間がまかり通っていることに、私のほうが驚かされました。
またそういうタイプの人間が公務員に多いと感じられることも、私
も現在公務員の端くれとして残念なことです。
その方は、決して悪気があったわけではないと思います。ただ背中
に権力が張り付いていることを、忘れてしまっただけだと思います。

同じことは、私たちにも言えます。
悪気や悪意はない！
そのことは、いつも免罪符になるものではありません。
先ほどは、他山の石と申しました。人の振り見て、我が振り直せと
いう言葉もあります。お互いに、今後、教訓にしてまいりたいと考
えます。

アッ、心ならずもまた、道学者的になってしまいました（笑）。

送信メール：元気発進 344号
送信者：永吉 大洋
宛先：《中川町役場》
送信済：02/04/13 午後6:11

なんと珍しくも15日締め切りの「郷の四季」の原稿が、2日を残して出来上がりました。
今回から広報の担当部署が、企画財政室からマチおこし推進室に変更になりました。その初回から締め切り日に遅れることだけは、何とか避けたいと思っていました。
まずは役目を果たしました。これで一安心です（笑）。

今日の朝日新聞「ひと」の欄に、このたび軍縮会議政府代表部大使に就任した国際政治学者・猪口邦子さんのプロフィールが掲載されていました。
その中での彼女の談話の一部に、心に触れるものを感じましたので、皆さんに紹介いたします。
……………………
青春のとき、強い思いがあって職業を選ぶ。
外務省職員も、一人一人が思い出してほしい。
……………………
当然ながら外務省の職員も、国益のために自分が何をすれば良いのか、しっかり自問自答しながら外務官僚になったに相違ありません。
でも結果として、国益というよりは省益優先、個人優先であったことは、残念ながら連日のように詳しく報道されている通りでしょう。

まさか入省したときからそんな考えであった人は少ないと思いますが、いつの間にか、狭い世界や内輪の論理に慣れ親しんでいくのでしょうね。

そのほうが、自分に楽でもあり、得でもありますから。

これは、外務省の職員だけの話ではありません。

皆さんにも、ぜひ採用された当時の新鮮で生き生きした気持ちを、取り戻していただきたいと思います。

町民のために、何か頑張ろうとした！

ある意味では思い上がった気持ち、その思い上がった気持ちを取り戻してほしいのです。

どうせ自分一人が頑張ったって、何も変わらない？

達観するには早過ぎます（笑）。

頑張ろうという気持ちを持った職員が、１人から２人になって、次いでもっともっと多くの職員に連鎖していったなら、きっと中川は変わるだろうと思います。

私のいつものセリフですが、「札幌市の職員が変わったって、札幌は変わらない。旭川市の職員が変わったって、旭川は変わらない。でも中川町の職員が変わったら、中川は変わる」。

それだけ皆さんは町内で大きな、いいえ重要な立場を占めているのです。

送信メール：元気発進 346号

送信者：永吉 大洋

宛先：《中川町役場》

送信済：02/04/15 午後6：48

今日は、大富地区のＹさんの訪問をいただきました。

お久しぶりで「ようこそ町長室へ」は、一昨年の12月以来の訪問です。

実は、いつ頃だったでしょうか、たまたまＹさんとJRの駅で顔を合わせたとき、短歌会に入ったら良いかどうか、迷っているところとのお話を伺いました。

「おじさん、ぜひ入会してくださいよ」と私も強く勧めたことがありましたが、今日は、やっぱり入会することにしましたと嬉しい答えを持ってきてくださいました。

上手とか下手とかでなくて、何か自分の気持ちを素直に伝えることができたなら……

Ｙさんの言葉です。

なんだか、いつも職員の皆さんに話す私の言葉に似ていて、

ホンワカと嬉しくなりました（笑）。

「町長さんの短歌を、いつも見ています。自分もこんな年齢になったが、子供を亡くすという、まだ自分が経験していない苦しみを、町長さんはすでに味わっているのですね。それを思うと、こんな歳でも頑張らなくちゃ」

これは決して、私の創作ではありません（笑）。
Ｙさんのしみじみとした述懐です。

短歌とは、つまるところ内なるものを他人に伝える方法なのですね。
そう考えますと、人間誰しも、生活に根ざした思いや叫びがない人
はいないわけで、そうした人生の喜怒哀楽を素直に31文字に表現
するときに、その人にとって短歌はかけがえのないものになってい
くのでしょう。
酪農を営む人には、牛を世話する生活からにじみ出る短歌があり、
職員の皆さんには、役場生活の哀歓（？）を題材にした短歌があっ
て、良いのだと思います。
短歌は、修飾語や形容詞をどのくらい知っているのかなどというこ
とを、競うことではないはずです。
茂吉先生の５日間のご縁を大切にして、短歌を中川の生活に溶け込
んだ文化にしていきたい！
Ｙさんの訪問を受けて、一層その思いを強くしました。

午後からは、昨日、特定したという志文内の旧道の一部を、Ｙ館長
の案内で歩いてきました。
５月12日には、昨年に引き続き上山の斎藤茂吉全国大会に出席し
てまいります。
ネットワーク事業も、いよいよ具体的にスタートする予定です。

126

送信メール：元気発進 348号

送信者：永吉 大洋

宛先：《中川町役場》

送信済：02/04/18 午後6:59

かつて私が町長に就任する前のことです。

旭川のある会社を何度か訪問したことがありましたが、その会社では社長と客が懇談している際に、社長へ電話がかかってきたときは、社員は必ず相手の名前をメモ書きにして、社長に手渡していたものでした。
お客様に電話をかけてきた方の名前を知らさないようにするためです。
細やかな配慮でした。良く教育されているなと、感心させられたものでした。

そんなことを、ふと懐かしく思い出しました。
このところ、外線電話がかかってきて私に繋ぐときに、相手の名前を聞いていないケースなど、基本的なマナーが身についていないと感じることが、何度もありました。
……………………
「町長に電話がきております」
「どなたからですか？」
「いいえ、分かりません」
……………………

これではいかにもまずいということは、皆さんも分かりますよね。
素朴と言えば、実に素朴ではありますが（笑）。
電話の応対を、決して秘書のごとくにとは申しません。でも社会人
としての、最低限のマナーだけは習得していただきたいですね。
これは、ちょっぴり苦言でした（笑）。

今日は午後から、美深町のＹ前議長の名誉町民を祝う会に、出席を
してまいりました。
町議会議員在職48年間、議長在職35年間。永年の功績を称えられ
ての栄誉です。Ｙ前議長も、本当に嬉しそうでした。
でも、私ならなんだか不名誉なことをしでかしそうで、たとえ幾つ
になっても、とても名誉町民を受ける気にはなれませんね。
心配ない！　名誉町民に選ばれるわけがない！
皆さんの声が、スピーカーを通してガンガン聞こえてきそうです
（笑）。

そう言えば、大会議室に掲げられている歴代町長の写真を見て、
「私が辞めたときは、写真を掲げなくて良いからね」とＥ総務課長
に話したところ、「それを決めるのは、町長ではなくて次の町長で
す」って言われました（笑）。

なるほど！　なるほど！　ごもっとも！（笑）

128

送信メール：元気発進 349号

送信者：永吉 大洋

宛先：《中川町役場》

送信済：02/04/19 午後6:30

今朝は、敬老祝い金をお渡しするため、歌内地区のNさんを訪問いたしました。

古い話ですが、Nさんは私の父の幼馴染みでした。

昔はとても馬力のあるNさんでしたが、今は高血圧の後遺症もあって、体を動かすことも話すことも、少し不自由そうでした。

でも「デイサービスに通うようになってから、すっかり元気になったよ」

Nさんの嬉しい言葉です。

「おじさん、お元気で。今度は88歳のとき、またお祝いに伺いますよ」と話しながら、まさかそのときまで町長ではいないだろうなと気がついて、自分自身、可笑しくなりました（笑）。

さて昨日の苦言ついでに、もう一つ。

またかよと、ウンザリした顔をしないでください（笑）。

前々から、とても気になっていたことがありました。

それは、職員の皆さんの中で、お客様の前で私に敬語を使う人がいることです。

お客様の前では、私と職員の皆さんは、店子といえば子も同然、いいえ間違いました、職員といえば身内も同然（笑）。身内と言われ

りゃ虫酸が走るなんて、マアマア露骨にそうはっきり言わないでください（笑）。

私に対して敬語を使われると、山本リンダではありませんが、私も"困っちゃうな"の心境になってしまいます（笑）。

勿論、職員の皆さんが庁外の方と私のことを話す場合も、身内である私に対する敬語は不要です。

例えば「町長はご在庁ですか？」と尋ねられて、「ハイ、町長はご在庁です」とか、「町長はいらっしゃいます」などの返答が、平気で使われています（笑）。

エッ、何ですか？

心配ご無用。

元々、最初から敬語なんか使う気がない！

マア、そうだろうとは思っていましたが（笑）。

外国人が日本語を習うときに、一番難しいのが敬語の使い方とよく聞きます。

実際、われわれ日本人でも、完璧に使いこなす人は稀ですよね。

亡き父の　竹馬の友に　敬老の

　　　　　祝い届ける　早春の朝

送信メール：元気発進 350号
送信者：永吉 大洋
宛先：《中川町役場》
送信済：02/04/20 午後2：09

昨夜は消防団の親睦会が開かれました。
この3月で定年を迎え、退団されたＩさんとＳさんの送別会を兼ね
ていたせいか、びっくりするほどの高い出席率でした。
役場職員の送別会の出席率とは、大違いでしたね（笑）。

おふたりは、それぞれ40年以上の団員歴。
本当に頭が下がります。
このところ町内に大きな火災はありませんが、思えば過去には、恐
ろしい大火災も多々発生しました。
町民の生命や財産、安全を守るために、長年にわたりご尽力いただ
いたことに、改めて感謝申し上げたいと思います。ご苦労様でした。
それにしても、サイレンがひとたび鳴れば、団に駆けつける習性は、
ちょっとやそっとでは直らないでしょうね（笑）。

さて、今年度の消防団親睦会の役員名簿を見ますと、職員の団員も
それぞれ役職に就いていました。
就いたというよりも、無理矢理に就かせられたということが、本音
でしょうね（笑）。
いよいよ任期2年のうちの最後の1年。
頑張って役場魂ここに在り……を見せてください。

そんなものがあるか！　マア、そう言わないで（笑）。

勿論、住み心地が良くて、団に自発的に残留することは、拒むものではありません（笑）。

職員の団員の中から、昨年は皆勤賞を狙っていたけれど、獲得できずに残念無念！　今年こそは……と意気込む頼もしい発言もありました。

飲むほどに酔うほどに話が盛り上がって、いつの間にか職員の団員が皆勤賞をとったときは、私の金一封を副賞としてつけることに、話が発展しました。

当事者たる私の意見を聞くこともなく、私抜きでの決定です（笑）。

勿論、その金一封は町長交際費ではありません。

私のポケットマネーですよ。間違えないように、念のため（笑）。

でも待て！　待て！　待て！

政治家の寄付行為の禁止に該当するかも知れません（笑）。

そんな心配をよそに取らぬタヌキの皮算用で、結構な額面まで金額が膨れ上がってしまいました（笑）。

この金一封問題は、今後一切、当方の関知するところではありません（笑）。

送信メール：元気発進 351号
送信者：永吉 大洋
宛先：《中川町役場》
送信済：02/04/22 午後6:50

昨日の日曜日は、旭川での結婚祝賀会に出席してまいりました。公用ではありませんので、自分でマイカーを往復運転しましたがおおよそ一日がかりですので、さすがに少し疲れました。

勿論、アルコールは一滴も口にしませんでしたよ。誤解のないようにお願いします。
会場でお酒を勧められても、車ですからと言いますと、かつては「マアマア、少しぐらい」なんて言われたこともありましたが、今では皆無になりましたね。

さて、その結婚式の帰りのことです。
運転をしながら何気なく外を見ますと、あるお店の駐車場の「お客様のお役に立ちたいと、一所懸命です」と大きな字体で書かれた看板が、目に飛び込んできました。とても印象に残りました。

ちなみに"一生懸命"と通常は使いますが、"一所懸命"を辞書で引いてみますと、（武士が）昔、ただ1ヶ所の領地を死守して生活の頼りとしたこととありました。
一生懸命は一所懸命の長呼で、元々は一所懸命だったのですね。
皆さん、ご存知でした？　知らなかったのは、お前だけだ！

そんなプライドが傷つくようなことを言わないでください（笑）。
（何々、長呼の意味が分からない？　それは自分で辞書を引いて確かめてくださいよ）

一緒懸命という言葉もありましたね。思い出しませんか？
ある衆議院議員候補の選挙の際のキャッチフレーズでした。
選挙民の皆さんといつも一緒ですと表現したかったのでしょうか？
（笑）

話が迷路に迷い込んでしまいました（笑）。
元に戻します。

今朝、そのお店に電話を入れました。
「お客様のお役に立ちたいと、一所懸命です」って、どうして看板を出しているのかと聞いてみました。
答えはお客様に対するアピールというよりも、むしろ従業員の自分たちに対する、忘れてはならない戒めとしてだそうです。
そう考えましたら、役場の駐車場にだって応用できないことはないはずですね（笑）。

でも、役場の駐車場に「町民の皆様のお役に立ちたいと、一所懸命です」と書いたら、「誰が？」「ウソつけ！」って、町民の皆さんから袋叩きにあいそうですね（笑）。
これは私だけでなく、職員の皆さんもそう思うでしょう。
せめて胸の「ただ今意識改革中」のプレートで、まずはさりげなく意識の改革を図りましょう。

電話の受け答えも若い女性のようでしたが、素晴らしい応対ぶりでした。お店の社員教育のレベルの高さを、伺い知ることができました。

そのお店の名前は、メガネの「Ｔ店」です。

役場も負けられませんね。

何といっても、役場は中川町最大のサービス産業なのですから。

職員の皆さんは、そのサービス産業に従事しているのですから。

研修費もいっぱい使っていますしね（笑）。

そんな意識って、頭の片隅にでもありますか？

送信メール：元気発進 355号
送信者：永吉 大洋
宛先：《中川町役場》
送信済：02／04／28 午後3：37

先日、札幌出張の直前に、私の手許に録音テープが届けられました。
と言っても、決して今流行の怪しいテープではありません（笑）。
最近は、テープだとかメモだとか、とかく世間を騒がしていますの
で、くれぐれも誤解のないようにお願いいたします。

さて問題のテープは、滝川の短歌会「北翔」が、昨年担当したコ
ミュニティFM 番組「31文字のDNA」の録音を送ってくださった
のです。

なぜ、私に送ってくるのか……ですって？　なかなか良い質問です
（笑）。
じゃー、皆さんに理解を深めてもらうために、その当時にいただい
たメールの一部を、この際公開いたしましょう。
……………………
さて、北翔短歌会が担当しておりますコミュニティFM の番組「31
文字のDNA」の録音を先日無事すませました。
私は数えて5回目の放送となりますが、とりあえず終わってホッと
しています。
永吉町長のお歌も紹介させていただきました。
そうそう、中川町の取り組みについてもちょっと宣伝させていただ

きました。何しろド素人DJのやること、どれだけ思いが伝わるか分かりませんが、番組の良し悪しは、後にテープを送らせていただきますので、是非ご批評のほどお願いいたします。
……………………

ハイ、お分かりですね。
なんと私の短歌が、昨年12月、電波に乗ったのですね。
ただし、北空知の小さなエリアです。
どんな歌が放送されたのだ……ですって？　ますます的を射た質問ですね（笑）。
それは昨年の斎藤茂吉記念フェスティバルで佳作に入賞した作品です。

鳥を焼く　募黙な主の　話聞く
　　　　　　亡き息子（こ）座りし　椅子に腰かけ

つまりDJは、毎年、中川町斎藤茂吉記念フェスティバルに、ご参加いただいている方なのですね。
当日の番組「31文字のDNA」のテーマは、「振り返る」
12月の最後の放送とあって、過ぎし日を振り返る、あるいは楽しかった日々や失意の日々を振り返るなど、その人その人の様々な振り返り方がありますが、DJは1年を振り返って一番心に残った歌に、私の短歌を選んでくださいました。
皆さん、信じられないでしょうが、これ本当の話です（笑）。

DJは、寂しいとか悲しいとか直接的な表現を使わずに、その悲しみ苦しみを31文字の中に表していることが、しみじみと心を打つ

と高い評価をしてくださいました。穴があったら入りたい心境ですが、まずは素直に喜びたいと思います。

このテープ、聴きたいですか？
「そんなもの、誰が聴きたいものか」（笑）
「ごもっとも」（笑）

テクノポップの曲が随所に挿入された1時間にわたるトーク番組、事前の準備も大変だったことでしょう。
聴く人の心にジーンと染みる素晴らしい番組でした。

送信メール：元気発進 362号

送信者：永吉 大洋

宛先：《中川町役場》

送信済：02/05/14 午後9:18

土、日曜日、上山市の第28回斎藤茂吉記念全国大会に出席をして
まいりました。

今年は茂吉生誕120年の大きな節目の年とあって、参加者数も昨年
より多く、実に盛大でした。

今回は、斎藤茂太先生が海外旅行中とあって、弟の北杜夫さんが出
席されました。

私も最後のレセプションの会場で、中川町の2基の歌碑の写真や、
志文内峠の写真をお渡しして、ご挨拶をいたしました。

中川町にも1度お越しをいただくようにお願いしましたが、ただ北
先生はかつてのさっそうとした面影はなく、杖をつき車椅子で移動
するなど、体調が悪そうでした。

今秋の茂太先生に続いて、来年は北先生に来ていただきたかったの
ですが。

昨年の同大会でご一緒した、茂吉直弟子の柴生田稔さん（昨年、何
度伺っても分からなかったお名前）のご夫人にも、再びお会いする
ことができました。

昨年、茂吉先生の弟高橋四郎兵衛ゆかりの「山城屋」で、夕食のと
きに知り合った女性3人組のおひとりです。

昨年は、そんなご縁でタクシーに一緒に乗り合わせましたが、縁って不思議なものですね、今年は私が乗ったタクシーに、次に彼女が会場まで乗ったのだそうです。

前のお客さんは北海道からお見えになった方でしたとの運転手の言葉で、私だと直感したそうです。もう90歳になるとお聞きしました。もう今年が最後と毎年思いなから、出席をしているのですと話されていました。

もうおひとり、昨年「中川の町長さんですね。私はこの歳になって、物見遊山の旅行などしたくはありません。でも茂吉先生がどんなところを歩かれて、どんな情景を目にして、どんな歌を詠まれたのか。そう考えますと、中川町は今、私が一番行きたいところです」と私に話しかけてくださった和服姿の女性にも、勿論、お会いしてきました。

名刺にお雛様研究家と刷ってあった方です。

私はその言葉を聞いて、「茂吉先生のご縁で、こんなにも中川町のことを」と嬉しさのあまり、背中が「ゾクゾク」したことを、昨日のことのようにはっきり覚えています。

どうも話題が女性の方ばかりですが、この方も60歳代から70歳代の方です。

すぐには中川まで行けないけれど、必ず作品は応募しますと約束してくださいました。せめて山形県の中だけでも、茂吉先生のネットワークを作りたいと、目を輝かしていらっしゃいました。目の輝きというものは、年齢には関係ないのですね。

若くても、ドローンとした目の持ち主もいますものね（笑）。

今回は、私も昨年に引き続き２回目の参加とあって、多くの方々から声をかけていただきました。
短歌の世界でも、知人友人が増えていくことは嬉しいことですね。

さて、立派な斎藤茂吉記念歌集をいただきましたが、嬉しいことに、その中に幾人かの職員の短歌を発見しました。
頑張って作品を提出された皆さんは、今は恥ずかしいかも知れませんが（笑）、応募して良かったと思えるときが、必ず来ると思います。
きっと、生涯忘れることができない大切な記念の歌集になることでしょう。
まさに、永久保存版ですね。

金瓶の　茂吉の墓に　ひざまずき
　　　　　古きゆかりに　思い巡らす

送信メール：元気発進 378号
送信者：永吉 大洋
宛先：《中川町役場》
送信済：02/06/03 午後6:42

今朝、カーテンを開けますと、嬉しい雨です！
それもザアーザアー降りではなく、大地にしっかり染み込むような、
何と表現しましょうか、落ち着いた大人の降り方です（笑）。
大人の降り方なんて、初めて聞いた！
そんな日本語があるのかと、皆さんから叱られそうですね（笑）。
でも乾き切った大地に、じっくりじっくり水分を補給し浸透してい
くこの降り方は、雨にも心があるのだなぁ！　子供じゃないよ、大
人だなぁ！……とつくづく感じられはしませんか（笑）。
今日は午後から消防団の「春の演習」がありましたが、雨の中の演
習もまた良いものです。
こう書いても、消防団の皆さんも怒らないでしょう（笑）。

それにしても肌寒い一日でしたね。
私も副管理者として、服装点検や閲団など、何度か敬礼をする場面
がありましたが、指先がかじかむような寒さでした。
雨の中、ずぶ濡れになりながら、日頃の訓練ぶりを披露していただ
いた団員の皆さんに、心から敬意を表します。本当にご苦労様でし
た。

なんと驚きました、そんな訓練の一つの消防自動車ポンプ操法に、

142

元気発進Ⅲ　02/04/01－03/03/20

我が役場職員を代表して（？）、H団員が３色放水の一番員を務めたではありませんか。

一番員とは、ホースの筒先を担当する言わば花形の役で、みこし担ぎにたとえると花棒の役です。

振り返りますと私も昨年の出初め式で、その任務を拝命いたしました。

ただし私の場合は、お情けでいただいた役でした（笑）。

何々、H団員の場合も似たようなものですって？

これは２年の任期を終えても、何とか団に引き留めようとする幹部団員の深謀？

なるほど、それは言えるかも知れませんね（笑）。

でも、なかなかのものでした。へっぴり腰の私と違って、H団員は、格好がしっかり様になっていました。

こんな風に、職員の皆さんが地域住民に溶け込んでいくことは、見ていても嬉しく、清々しい気持ちにさえなりました。

さて、今日は午前中に、中学の体育祭を見学してきました。

肌寒い天候が少し残念でしたが、元気いっぱいにグラウンドを走り回る生徒の若々しさに、すっかり圧倒されました。

かなり昔の話になりますが、私にもあんな時代があったのですね（笑）。

本部席で観覧していますと、突然、拡声器から先生の大きな声が流れました。フィールド内で待機中の生徒が、ポケットに手を入れているのを、注意したのですね。その生徒は、慌ててポケットから手を抜いて、先生にニコッと笑い返しました。

143

その笑顔や仕種が、初々しくて実に良かったですね（笑）。

ちなみに我が役場内でも、歩きながらポケットに手を入れている職員が少なからずいますね。

ご丁寧に、両手を突っ込んでいる職員もいます（笑）。

私の前で平気なのですから、当然、町民の前でもしていることでしょう。

とても残念なことですね。

本人は多分、悪気がないのかも知れません。でも、悪気がないからって、決して免罪符にならないことは、すでに書きましたよね。

これからは今日の中学の生徒みたいに、直接、注意をすることにしましょうか？

そうしたら、あの生徒のように慌ててポケットから手を抜いて、初々しくニコッと笑い返してくれるでしょうか？（笑）

それとも、ふてくされた顔を返されるのが、関の山でしょうか？（笑）

筒先を　持つ手にこめし　郷守る

　　　　　誇りと気概　春の演習

送信メール：元気発進 398号
送信者：永吉 大洋
宛先：《中川町役場》
送信済：02/07/01 午後6:05

今日、待望のエコミュージアムセンター「エコールなかがわ」が
オープンいたしました。

まずは、オープンセレモニーに関係した職員、お手伝いをいただい
た職員に、ご苦労様とお礼を申し上げます。
いかにセレモニーを簡略化したとは言え、やはり大勢のお客様をお迎
えして、それぞれの立場で緊張感や気苦労も多かったことと思います。
無事に終了できて、本当に良かったですね。
ご協力、ありがとうございました。

「能あるタカは爪を隠す」
皆さんの "やればできる" ということを、改めて発見することがで
きました。今までは、爪を隠していたのですね（笑）。ちょっと、
これは誉め過ぎでしょうか？（笑）
でも、本当によく頑張ってくれました。

今日は挨拶の中で、「エコールなかがわ」に対する3つの思いを述
べさせていただきました。
1つ目は、このエコールが白亜紀の化石や地層の研究の学術的な前
線基地となること。2つ目は、都市住民と地域住民の「学びと交

流」の場となること。3つ目は、地域住民がこのエコールに自ら
NPO的に関わっていくことによって、生きがいや社会参画などの
達成感を味わっていただきたいこと。

こんな考え方を紹介させていただきましたが、特に地域協力隊の話
や、「森の学校」については、力が入り過ぎて声も大きくなってし
まいました（笑）。

また、佐久中学校の卒業生の思いを伝えるエコールであることも、
強調したつもりです。

来賓ご挨拶や昼食会の祝杯のご挨拶の中でも、多くの方々に「森の
学校」を何度もお誉めいただきました。

なんだか正式に認知されたような気がして、とても嬉しくなりまし
た（笑）。

今日は、大成功だったと思います。

でも考えてみれば、今日は単なる通過点で、これからの日々の活動
が大切なのは、言うまでもありません。

かけ声だけのエコールに終わらないように、今後とも皆さんのご協
力をお願いいたします。

今日の私は、実に殊勝ですね（笑）。

いつもこんなに殊勝であれば……皆さんのつぶやきが聞こえてきそ
うです（笑）。

佐久中の　伝統継ぎし　エコールの
　　　　　　　　　　　　テープカットに　万感迫る

送信メール：元気発進 399号
送信者：永吉 大洋
宛先：《中川町役場》
送信済：02/07/02 午後6：58

「エコールなかがわ」開館から一夜が明けました。
今朝の新聞各紙は、エコールの開館について、道新が全道版と小版
の2ヶ所で、北都新聞が一面トップで扱ってくださいました。
それぞれ、とても良い紙面でした。とりわけ写真が良かったですね。
両紙ともクビナガリュウの復元骨格が、当たり前のことですが、本
当に首が長く写っているのが、とても印象的でした。

さて、エコールオープンの一般客第1号として、遠別町の高齢者の
皆さんがお越しになりました。
初めてお迎えする一般客とあって、私も嬉しくなって館内を案内し
て回りました。

お年寄りの中からは、「町長さん、遠別・中川線の開通で、とても
近くなったから、中川の温泉にときどき入りにきているよ」と声を
かけられて、すっかり嬉しくなりました。
声をかけられた……と言えば、実は帰り際にお年寄りの一人から、
「町長さんは昭和生まれかい？」と尋ねられました。
まさか、平成生まれと錯覚したわけではありますまい（笑）。
大正生まれと思ったのでしょうね、きっと（笑）。
「勿論、昭和の生まれで、それも20年で戦後派ですよ」と少し口を

尖らせた私に、「そうかい、意外と若いのだね。頭を見れば、もっと年寄りだと思ったけれど」

グサッ！

一日中、深く傷つきました（笑）。

今日は、道道遠別・中川線の開通式。

お会いしたＫ遠別町長にこのお話をご披露しましたら、「口が悪くて申し訳ない」とお詫びの言葉をいただきました。

謝るＫ町長をよくよく見ますと、Ｏ収入役やＳ教育長のように、なんと腹が……じゃなくて、頭が真っ黒でした（笑）。

可愛くないですね（笑）。

ちなみにＴ旭川土木現業所所長によりますと、先日、映画のチケットを買う際、「敬老割引にしますか？」と窓口で聞かれたそうです（笑）。

これまた本人にしたら、グサッ！と来る話ですね（笑）。

Ｔ所長の名誉のために申し添えますが、勿論、敬老割引にはしなかったそうです（笑）。

送信メール：元気発進 406号

送信者：永吉 大洋

宛先：《中川町役場》

送信済：02/07/17 午後8:44

東京で4泊して、久しぶりに中川に帰ってきました。気持ちはすっかり、"東京人"です（笑）。

そんな"東京人"の目線で、改めて中川を見直しますと、澄み切った新鮮な空気と目に鮮やかな緑が、とても心地よく感じられます。言い古された言葉ですが、"何もない中川"ではなくて、"素晴らしさが溢れる中川"とつくづく思います。

この時期の東京は分かっているつもりでしたが、やはり人の住むところではありません。よどんだ空気と喧騒、むせ返るような湿気を含んだ暑さ、そしてどこもかしこも、人、人、人の波。

少し時間が余っても、喫茶店に入るしか休むところがありません。飲みたくもないアイスコーヒーをオーダーして、やっと座ることができる、まさに飲み物代は場所代といったところです（笑）。

そんな暑さで死にそうな東京を、日曜日の午前中、地図を片手に汗まみれになって、2軒のお宅を訪ねてまいりました。国立と石神井、地図上ではそんなに離れていない距離でしたが、結局、3時間以上もかかってしまいました。

ふるさと会員に送った町内産アスパラガスの品質についてのお詫びです。

アポなしでしたから、お会いできるかどうかも心配でしたが、幸い２軒ともご本人にお会いすることができました。それぞれ、お詫びを受け入れていただけただけでなく、町長自らが直接出向いたその誠意に感激すらしていただけたことは、とても嬉しいことでした。特に石神井では、「森の学校」の卒業生でもありましたので、家に上がらせていただき、帰りには荻窪の駅まで車で送ってくださいました。今度は、山仲間と中川を訪問したい！……そんな嬉しいお言葉もいただきました。

町長が、何をそこまでという考えもあるでしょうが、でも、思い切ってお詫びに歩いて良かったというのが、率直な今の心境です。勿論そんな心境に、まずは生産者団体がなってくれれば一番良いのですが。

一つのクレームの後ろには、もの言わぬ幾つものクレームが存在します。そういう人たちは、何も言いませんが、今後はもう中川を信用してはくれません。ですから、はっきり名乗りをあげてクレームをつけてくださった方は、とても大切な方なのです。

午後からは、「森学」有志の皆さんがお集まりくださって、人形町のもんじゃ焼きのお店「Ｋ」で、久しぶりの同窓会が開かれました。野菜焼きから始まって、お好み焼き、もんじゃ、最後はやきそばと実によく食べました。念のため断っておきますが、日中ですのでビールはたしなむ程度でした（笑）。
次から次へと、中川の素晴らしさが語られた３時間でした。
校長の私にとって、午前中のお詫び行脚の後だけに、何事にも代え

150

元気発進Ⅲ　02/04/01−03/03/20

難い「至福のひととき」になりました（笑）。

送信メール：元気発進 415号
送信者：永吉 大洋
宛先：《中川町役場》
送信済：02/07/26 午後6:42

自治体職員でもあるメル友に、「武家ショップ」や職員の消防団入団のことなどを書きましたところ、こんな返信をいただきました。なかなか含蓄のある文章ですので、皆さんにご紹介いたします。
………………………

行政職員は街のなかに出なくては！というのは、私も忘れてはならない姿勢です。
職員である前に市民であることが大切です。
私たちの市では、小さなホールを市が買い取り、その運営を市民が担い、大切に育てていくための打ち合わせを重ねています。
その会議の席上、市民の方から私たちに対し「市職員だから同席しているとは思っていない。同じ市民として参加していると考えている」という発言がありましたが、それはとても嬉しいことです。
同じテーブルに座るということの本質です。
だれがえらいとか、権限を持っているとかではなく、同じ目標に向かって、それぞれの経験や知識を生かしていけたら良いですね。
私たちは市の職員としての知識や経験をその中で生かせば良いのです。
寺山修司ではありませんが、「特権意識を捨てよ、街に出よ」です。
………………………

市を町に置き換えながら、この文章を読んでいて、Y館長の報告を

思い出しました。

「地域協力隊」の協議の中で、住民の方から職員が職務ではなく、一人の町民・住民として、どのように「地域協力隊」に関わっていくのか、問われたことがあったそうです。

「地域協力隊」の件に限らず、行政職員である前に一人の地域住民として何をしなければならないのか、私も含めて職員それぞれが振り返ってみる必要があるように思われます。

職員の皆さんにとっては、単なる「武家ショップ」の開店や消防団への入団が、町民の皆さんからは「職員の目線が、変わりつつある……」とまで、好感を持って受け止められているのですから。

寺山修司は、次のような言葉を残しています。

「書を捨てよ、街に出よ」

高邁な理屈は、もう結構ということでしょう。

今、住民の中に飛び込んで実践することが求められている！

そういうことだと思います。

その寺山修司に一度だけ、お会いしたことがありました。背が高い大きな体格の方でしたが、話せばとつとつとした青森弁の小さな声の持ち主で、はにかんだような笑顔が、とても印象的でした。

彼は、映画女優の九条映子と結婚しました。その昔、幼い頃に親と離れて、青森の映画館の2階で寂しく育った孤独な彼にとって、映画はいつも彼を現実から抜け出させてくれる「こことは違う場所」であり、映画で見る美しい女優は、彼を「ここから違う場所」に連れ出してくれる、究極の憧れであったに違いありません。

コラム2　武家ショップ

　商工会主催の夜市に、初めて役場職員が殴り込みをかけた出店です（笑）。名付けて「武家ショップ」。手作り餃子とお好み焼きのお店で、2回目からは子供相手のヨーヨー釣りも加わりました。

　「商工会の行事に役場職員も協力しよう」との私の提案に、打てば響くように若手職員の面々が呼応してくれました。武家（公務員）の商法なのだから「武家商店」というのが私の古くさい発想でしたが、なんと当日のお店の名前は、お洒落な「武家ショップ」。この感覚には、正直負けたと思いました。パソコン世代、いやコンビニ世代にやられたと言ったほうが、より正確なのかも知れません（笑）。

　初出店以来、中川の「夜市」には、欠かすことができない大人気店になりました。

送信メール：元気発進 424号

送信者：永吉 大洋

宛先：《中川町役場》

送信済：02/08/11 午後3:11

日曜日に、1週間分の新聞をまとめて読んでいます。

この1週間は、田中真紀子さんの議員辞職や札幌第一高の甲子園での惜敗ぶりが、紙面に大きく取り上げられていました。

そんな中で、昨日の朝日新聞の道内版には、それぞれは小さな扱いですが、3本の自治体関係の不祥事が、一度に掲載されていました。

………………………

「阿寒町で課税ミス」「6年間で約300万円」

「道職員2人停職1ヶ月」「酒気帯び運転など」

「盗みの容疑　町職員逮捕 礼文」「役場金庫から42万円」

………………………

同じ紙面に3本とは、ちょっと多過ぎますね（笑）。

昔は……なんて言いますと、若い人に嫌われそうです（笑）。

言い換えをして"かつては"、こんなに自治体職員の不祥事が掲載されることはなかったように思います。

でも、自治体職員の不祥事が全くなかったと考えるのは少し短絡的で、あったけれども表沙汰にしなかったといったほうが、より正確なのかも知れません。

かつて銀行マンは、お金の使い込みなど決してしない、高等な（？）イメージがありました。銀行マンというだけで、真面目で信用され

る職業像がありました。

ところが実際はそうでないケースも多かったと聞きます。

どこの銀行も体面を保つために、不祥事があっても事件にせずに、内部処理をしていたというのが、本当のところなのでしょう。

そんなことを考えますと、このたびの住基ネットの問題も、公務員だから心配ないなんて、どこかの大臣がうそぶいていますが、あまりストレートに信頼して良いのかなとも思います（笑）。

失礼！

誤解しないでください。これは一般論です（笑）。

同じく昨日の道新夕刊は、俳優チャールトン・ヘストンさん（78）が、アルツハイマー病に侵されつつあることを告白……と掲載されていました。

「（病気が進行する）その時がきたら何もできないだろうから、今、みんなへの少しの言葉を用意したい」

いつの頃だったでしょうか、それこそ昔と言っても良いかも知れません。彼が主演した「十戒」や「ベン・ハー」「猿の惑星」、手に汗を握って見たことを、懐かしく思い出しています。

「あきらめも屈しもしない」

闘病への決意を表明したヘストンさんに、心から声援を送りたいと思います。

送信メール：元気発進 437号

送信者：永吉 大洋

宛先：《中川町役場》

送信済：02/09/01 午後5:42

今日午前10時半、待ちに待った「斎藤茂吉特別展」がオープンしました。

昨日までの楽屋裏を覗くような準備段階とは異なり、貴重な資料が整然と展示されている本番を迎えて、なんだか涙が流れ落ちてくるような気がしました。

（興奮していますので、話すことが少しオーバーです……笑）

展示内容や方法も見事ですし、ポスターやパンフレットも素晴らしいし、とにもかくにもトータルでこのような展示室が、きちんとできるようになったのは、職員のレベルが着実に上がってきている証拠というのが、率直な私の印象です。

非常にハイレベルな誉め言葉です（笑）。

初日の今日、茂吉ファンの方々でしょうか、もうすでに旭川からお出でいただいた３人連れの人たちが、１時間以上もかけて、展示されている貴重な資料をじっくり鑑賞されたと聞きました。

この道北の小さな町で、「斎藤茂吉特別展」を開催できた嬉しさが、静かに胸に湧いてまいります。

経続は力なりと申しますが、毎年「斎藤茂吉特別展」を開催するこ

とができますなら、いずれ道内各地の短歌愛好家の皆さんにとって、秋は中川町の「茂吉展」から始まる……

なんてことにならないでしょうか！！

そう、季語です！！

でも、季語は短歌でなくて、俳句でしたね（笑）。

ぜひ職員の皆さんも、早い機会に見ていただきたいと思います。

さて午後からは、町民の皆さんとともに「志文内峠」を歩いてまいりました。私自身３度目の峠越えでした。３キロほどの短い道程ですが、いつも新たな発見と感動に出会います。

今回は、子供の頃に実際に通学路として、峠を越えていたＳ電器の奥さんも、ご一緒されました。

15歳まで通った、もう30年以上も前の記憶ですが、実にしっかりしていて、歩を進めるたびに思い出がよみがえってくるのでしょう！

とても懐かしそうでした。

"シンプル　イズ　ベスト"の案内看板もようやく立って、これから多くの短歌愛好家が訪れてくれると良いですね。

峠を越えてきた喉に、缶ビールが用意されていなかったのは少し残念でしたが、今夜は自前で乾いた喉を潤すことにいたしましょう（笑）。

送信メール：元気発進 446号

送信者：永吉 大洋

宛先：《中川町役場》

送信済：02/09/15 午後5：19

今日、稚内空港まで茂太先生ご夫妻を送ってまいりました。

途中、サロベツ原生花園に寄り、遊歩道を歩いていただきました。

花はほとんど終わっていて寂しくはありましたが、でも原生花園の

広大な眺めを、とても喜んでいただけました。

売店で働く女性が、茂太先生がお越しになっていることを新聞紙上

で知っていたらしく、店を飛び出して来て記念写真をお願いされた

のには、びっくりさせられました（笑）。

でも決して嫌な顔をされませんね、茂太先生は！！　レセプション

の席や表彰式のあとで写真やサインを頼まれても、いつもニコニコ

して、気軽に応じてくださいました。

何度も同じことを頼まれると、少しはうんざりした顔になってしま

うものですが！！

さて、その後、オロロンラインを走って、利尻島や礼文島を眺めな

がら北上し、稚内公園やかつての樺太航路のドームにも立ち寄って、

空港に到着しました。

素晴らしい利尻富士の勇姿に、大変感激されていました。

そこで私も、「先生、来年もまた中川にお越しいただいて、利尻、

礼文を回られては……」とお勧めしたところ、茂太先生はまんざら

でもない表情でした（笑）。

２年連続のお越しは難しいでしょうが、もし実現しますと素晴らしいですね！！

２泊３日の短いご滞在でしたが、雨の中の志文内峠のご散策、「茂太先生と語る会」やレセプションへのご出席、サケ君とのご対面など、実に盛りだくさんの内容でした。それも、とても楽しそうに！

２日目の夜は、バーベキューでおもてなしをしましたが、「肉が大好きなのだが、普段は健康保持のため、家内に制限されている。
このように旅に出ると、その束縛からフリーなのだ」と隣の奥様を見やりながらニコッとされたのが、実に印象的でした（笑）。
私もあのように「素晴らしく老いたい」とつくづく思いました。

今回の記念フェスティバル開催にあたっては、教育委員会のみならず、多くの職員のご協力をいただきました。
厚くお礼を申し上げます。ご苦労様でした。

送信メール：元気発進 447号
送信者：永吉 大洋
宛先：《中川町役場》
送信済：02/09/16 午後4:02

9月に入って、このところ安定した天候が続いています。
惜しむらくは、この好天がもう1ヶ月早ければ、農業に悪影響を与えずに済んだかも知れません。残念ですね。

茂太先生をお迎えした13日も、素晴らしい天候でした。
稚内空港に到着してすぐ、先生ご夫妻のご希望で、日本最北端の碑がある宗谷岬に足を延ばしました。
茂太先生は40年ぶりの稚内だそうです。
その時には樺太……今でいうサハリンは見えなかったそうで、今回、洋上にくっきり浮かぶサハリンの島影に、とても喜んでくださいました。

奥様は、初めての稚内入り。
当然のことながら、サハリンを見るのは初めてで、子供のように歓声をあげていました。
大韓航空の撃墜慰霊塔にも、寄られました。碑文によりますと、1983年の出来事ですから、もう20年近く経過しているのですね。
茂太先生も、静かに祈りの鐘を鳴らされました。
その後、市内のホテルで昼食をとり、一路中川町に向かいました。
先ほどまでの晴天がウソのように、途中から雨が降り出してきまし

た。

そんな雨の中、何はともあれ、まずは今回の中川訪問の主目的である志文内峠を歩いていただきました。夕闇が迫り、雨足も結構強くなって、木立に囲まれた志文内峠は、暗さを一層増していました。
「父茂吉が来たときも雨なのだから、これは良い雨ですよ」……茂太先生はこうおっしゃって、傘を差しながら雨の志文内峠に足を踏み入れました。
奥様も杖をつかれて足をかばいながら、先生のあとに従いました。
「70年ぶりに、父と同じ道を歩けるとは！　感動しました」……先生の嬉しい一言です。
私も、先生のお歳や奥様の足の状態を考えますと、もうこれくらいでと何度も思いましたが、結局はその何倍も歩かれました。

「町長、父が歩いた道を、私も歩けるのだね」
「勿論です。来年は、きっと先生に志文内峠を歩いていただき、茂吉先生が訪れた当時の風情を味わっていただきますよ」

東京・府中の先生のお宅で、こんな会話を交わしてから約10ヶ月！

雨の中、志文内峠をいつまでも立ち去り難いご様子の先生ご夫妻を拝見しながら、峠路の復元に取り組んで本当に良かったと、嬉しさが胸にこみ上げてまいりました。

送信メール：元気発進 448号

送信者：永吉 大洋

宛先：《中川町役場》

送信済：02/09/22 午後4:12

1週間ぶりの「元気発進」メールです。

この間、定例議会の2日間を始め、メールを送信することができないほど、忙しい日々でした。夜の席も、たて込んでいました（笑）。

最後には、今日の遭難騒ぎまで、おまけについてしまいました。

大事に至らずに無事に発見されて、まずは良かったですね。

さて、「茂太先生と語る会」ですが、事前の打ち合わせは全くありません。

聴いてくださった多くの方々から、メールやお手紙をいただいて、「語る会」がとても素晴らしかったと、たくさんのお誉めの言葉をいただきました。

ぶっつけ本番ですと申しますと、皆さん大変驚かれていますが、始まる前に「先生、志文内峠を歩かれた印象などお聞きしますから、そのままのお気持ちでお願いいたします」とお話ししただけです。

さすがと思いました。茂太先生のユーモア溢れる会話、ウイットに富んだお言葉、気さくなお人柄が、1時間の限られた時間の中に、十分に凝縮されていたような気がいたします。

「パーソナリティは初めての経験。胸がドキドキしています」との私の幕開けの言葉に、すぐ私の脈をとって「心臓は大丈夫です」と

切り返されたのには、正直言ってびっくりしました（笑）。
私自身、スーッと気が楽になりました。
会場の聴衆の皆さんも笑い声に包まれて、すっかり和やかな雰囲気
になりました。

最後に会場の皆さんに一言とお願いしましたところ、突然のお願い
であったにもかかわらず、「皆さん、好奇心を絶えず持ってくださ
い。茂吉も旺盛な好奇心を持っていました。好奇心を持つことは、
とても大切なことです」
その場の雰囲気にぴったりな言葉を話してくださいました。
あらかじめ言葉を用意していなくても、状況にふさわしい言葉が、
すぐに口に出てくるのですね。とても素晴らしいですね。

レセプションの席や表彰式のあとでも、記念写真やサインをお願い
されても、決して嫌な顔一つ見せませんでした。
何度もとなると、少しは面倒になるものですが。茂太先生には、大
人の風格がありました。
86歳だからではありません。幾つになっても、小人はいます（笑）。

先生ご夫妻には、今回の中川訪問をとても喜んでいただき、お越しい
ただいて本当に良かった……と、今しみじみ述懐しているところです。

ユーモアの　溢れし語りに　酔いしれる
　　　　　　　　　　　茂太先生を　囲むひととき

送信メール：元気発進 460号
送信者：永吉 大洋
宛先：《中川町役場》
送信済：02/10/15 午後8:04

土、日、祝の３連休も加えて、１週間の大型連休を過ごしました。
さすがにこれだけ休みますと、敬礼の仕方も忘れてしまって、「原隊復帰」するのに少々時間がかかりそうです。
そんなに休んで、どこに行ったのだ？
決してパリやローマなど外国ではありません（笑）。
個人的な理由で、東京や福山のあたりを歩き回っておりました。
そこで気がついたこと、印象深かったことなど、少しばかり報告したいと思います。
つまらない内容ですが、そこはホレ、まだ「原隊復帰」できていないということで、ご容赦ください（笑）。

最初に東京から福山へは、いつもは新幹線を利用しますが、今回は羽田－岡山便の空路を使いました。
なんと、そのときの旅費が、ホテルが１泊ついて18,100円！！
これは驚きです！！
岡山駅舎の外壁に大きな垂れ幕が下がっていましたが、それには新幹線で岡山－東京間が片道12,500円、往復で25,000円と書かれていました。
これと比較しても、いかに安いかお分かりいただけるでしょう。

そこで、福山の親戚に泊まる予定を変えて、今回はホテルに泊まることにしました。ちなみに、その宿泊ホテルが倉敷の「Gホテル」。あの倉敷美観地区から、300メートルの近さです。

しかも建物も部屋も立派でした。

14時のチェックイン、11時のチェックアウトというのも嬉しいことでした。勿論、朝食もついていました。朝食は気取ってテラス席でいただきました（笑）。

なぜ、旅行案内書のように詳しく書くのだ？

なるほど、ごもっともな質問です（笑）。

羽田－岡山便（往復）＋立派なホテル1泊付きで、18,100円。

通常の価格と比較しますと、信じられないような値段です。旅行者（消費者）にとって、この上なく喜ばしいことですが、でも東京発着だけなのが残念ですね。つまり価格破壊の恩恵にあずかれるのは、首都圏の人たちだけなのですね。

よく言われることですが、北海道から東京に行くのは高いのに、東京から北海道へは安く行ける、それもびっくりするような立派なホテルの宿泊付きで。

たまたま今回は私も東京発着で、その恩恵にあずかることができました。でもやはり東京中心の価格の設定は、なんだかおかしいですよね。納得いかないものを感じます。

さて、第2点目は明日以降！

オイオイ、続きものか？　……なんて言わないでください（笑）。

そこはホレ、「原隊復帰」ができていない状況ですので（笑）。

送信メール：元気発進 461号
送信者：永吉 大洋
宛先：《中川町役場》
送信済：02/10/16 午後6：33

昨日、北朝鮮に拉致されていた５人の方々が一時帰国をされました。
記者会見の様子をテレビ画面で見ながら、それぞれの方々の硬い表
情やぎこちない笑みに、24年間の埋め尽くせない空白の重みを感
じました。
おそらくは私たちの想像をはるかに超える、様々なご苦労や修羅場
を経験されて、今現在があるのだと推察されます。
まずは心の疲れが癒せる、穏やかな一時帰国であってほしいと願っ
ています。

さて、昨日の「元気発進」の続きです。印象深かったことの２点目
です。
倉敷の美観地区の中ほどに、あの有名な掘割に面して旅館「Ｋ」が
あります。昔の砂糖問屋を改造して、現在はとても趣のある和風旅
館に仕立てられています。
つまり当時の砂糖を保管した倉が、離れの間として活用され、倉に
泊まることができる旅館として、とても有名です。

実は、妻と30年近く前に１度泊まったことがありました。
そんな懐かしさもあって玄関を覗いていましたら、なんと「お抹茶
をどうぞ」の張り紙があるではありませんか！

大原美術館の隣にある喫茶店「L」も大変魅力的な店で、今回ぜひ寄りたいと思っていましたが、この際は旅館「K」でお抹茶をいただくことにしました。

当然、和風旅館ですから靴を脱いで、よくふき込まれた長い廊下を進みますと、そこにはテラスに繋がる喫茶室が設けられていました。
その内部が何と表現したら良いのでしょうか、大正ロマン、あるいは昭和初期の懐かしい雰囲気が漂っていました。
シャンデリアやマントルピース、テーブル、椅子、置物に至るまで、とても素敵でした。
流れる音楽は、バロックでした。

お抹茶を用意してくれたかなり年配の仲居さん（ウェイトレスではありません……笑）に、昔泊まったことがあると話しましたところ、ややしばらくして高齢の大おかみがご挨拶に見えました。
着物をビシッと着こなして！　88歳だそうです。

もう現役は退いているそうですが、昔泊まられたお客様と分かると、今でもご挨拶に出向いているそうです。
30年前なら、彼女は50代後半です。一番の働き盛り……いいえ、おかみ盛りだったことでしょう（笑）。
当時は、全ての泊まり客のお部屋にご挨拶に伺ったとのことでした。

すごいですね！
たとえ現役を退いても、かつてのお客様にはご挨拶に出る、そのサービス精神が！

ここらあたりのきめ細かなサービスが、何事にも大雑把な北海道は
かなわないのですね。

大おかみが顔を出しても、特にお金がかかるわけではありません。

でも、お客の満足度は全く違います。

私も、「次回、倉敷に泊まることがあったら、必ずここにします」
と約束してまいりました。

お客様（町民）の満足度を高めることがサービスの真髄だとしたら、
私たちにもやろうと思えばやれることが、いっぱいありそうですね。

アッ、やっぱり最後は、心ならずも精神訓話ティックになってしま
いました（笑）。

でも、どこが精神訓話ティックなのか、皆さんには分からなかった
りして（笑）。

ちなみに、旅館「K」の抹茶料金は、消費税込みで840円。

当たり前のことですが、2人で1,680円。

優雅なひとときでした。

送信メール：元気発進 463号
送信者：永吉 大洋
宛先：《中川町役場》
送信済：02/10/18 午後9:44

気温が低くなってきました。
今朝のテレビの天気予報では、この週末、峠は雪模様のところもあるとか！　いよいよ、冬将軍到来の時期を迎えますね。

さて、印象深かった話のパート３です（笑）。
岡山駅前のお花屋さんで、お花を買いました。なぜ、お花を買おうとしたのかお分かりですか？
「そんなこと、分かるわけがないじゃないか！」……ごもっともです（笑）。いきなり聞かれても、分かる人はいませんよね（笑）。
実は、仏前に供えるお花を買いました。
岡山からJR山陽線で４つ目の瀬戸町を訪ねました。人口15,000人くらいの静かな町でした。

その町には、長男のかつての同級生で、息子より２年早く亡くなった友人のお宅がありました。
息子は同級生を代表して、瀬戸町での彼の葬儀に参列したそうです。
「ご両親がとてもかわいそうだった」とその当時、息子の口から聞いたことがありました。
「節目節目にはお参りにいきたい」と話していた息子の代わりに、今回、思い切ってそのお宅を訪ねました。

170

高台にある駅からは、ほとんどが平屋か２階建ての低い家並みが続いていました。

初めて降り立った町ですが、なぜか懐かしいような、いつも見慣れているような、そんな風景のように感じられました。

福永武彦の作品に、「愛の試み　愛の終り」という小品集があります。その一つに、別れた恋人の住む町を初めて訪れたとき、もう幾度も見たことがある風景のように感じた……という一節がありますが、私も本当にそう感じました。

小説の中で主人公は、かつて恋人から聞いた彼女のふるさとの町の様子を、一つひとつ確かめるようにして歩くのです。

「とても大きな病院で、駅からも良く見えたよ」

私も、息子からそう聞いたことがあります。

低い家並みが続く中に、ひときわ大きな建物がありました。

きっと、そうだろう……と内心すぐに確信しましたが、やはりそこは息子の友人の父親が経営する病院でした。

ご自宅は、その病院から少し離れたところにありました。通りかかった高齢の女性に尋ねたところ、親切にご自宅の前まで案内してくれました。私の抱えている花束を見て、「院長先生のお兄ちゃんのところに見えたのですか？」と聞かれました。

小さな町ですから、すぐに分かるのですね。

お母様にお会いして、玄関での挨拶もそこそこに、すぐに仏間に通されました。

さて、私たち夫婦のお参りが済んでも、奥に引っ込んだお母様は、

一向に姿を見せてくれません。
「どうしてなのだろう」と少しいぶかしく思い始めた頃、ようやく
姿を現した彼女を一目見たとき、私たちはそのわけを知りました。

泣いていたのですね。
5年を経ても、まだ深い悲しみから立ち直れない母親の心情に、私
たちも目頭を熱くいたしました。
「主人もぜひ、病院に来ていただきたいと申しております」
お母様の案内で、院長室を訪ねました。
表面的にはすこぶるエネルギッシュな院長のように見えましたが、
ふと父親の顔に戻ったとき、その表情にはたとえようもない寂しさ
が溢れていました。

「試練は、乗り越えられる者にだけ与えられる」……という言葉が
ありますが、乗り越えることの厳しさ、難しさを、つくづく感じる
今日この頃です。

息子（こ）に代わり　友の遺影に　手を合わす
　　　　　　　　　見知らぬ町を　妻と訪ねて

送信メール：元気発進 465号

送信者：永吉 大洋

宛先：《中川町役場》

送信済：02/10/20 午後2:13

今朝の道新一面トップの記事を、皆さんはご覧になりましたか？

いかに公務員の常識と一般住民の常識に大きな乖離があるのか、まさに明確に証明するものですね。

余計なお世話かも知れませんが、読んでいない職員のために、見出しと要点だけ、ここに紹介いたしましょう（笑）。

………………

優秀な公務員対象　実態ほぼ全員適用

特別昇給お手盛り　国や自治体　約7年で1号俸

中央省庁や道、札幌市などが、本来は勤務成績の良好な公務員に限られるはずの特別昇給制度を使って、ほぼ全職員の給料を約7年ごとに1号俸上げていることが19日までに分かった。

優秀な職員に報いる成績主義を骨抜きにしたお手盛りの運用で、全国市民オンブズマン連絡会議のS事務局長は「初めて聞く。税金の使い道として不適当」と批判している。

………………

まさに我が意を得たりの心境です。

実は先般、内部的に「これからの給与・人事システムのありかた」を検討しているときに、この問題が出されました。

出されたというよりも、よく分からない私が、どういうことなのか

質問をしたというほうが正確なのかも知れません。

私は初めて、そのような方法がまかり通っていることを知りました。

まさに内輪の馴れ合い以外のなにものでもありません。勿論、中川町だけではありませんが。

私は検討会議の席上、職員がある段階で全員特別昇給をするこのようなやり方は、「犯罪的ですらある」と述べました。

先の課・室長会議でも、このような悪しき慣習は、即刻改める方針であることを申し上げました。

この問題も含めて、皆さんの様々な条件が厳しくなってまいりますが、公務員だからだとか、今までがそうだったからなど、おごりや甘えが許されない状況に置かれていることは、明々白々です。

「初めて聞く」といったオンブズマンのS事務局長だけでなく、中川町の町民、住民もそのお手盛りの意味を知らされたなら、当然ながら怒り心頭に発することです。

「犯罪的ですらある」

たとえ意識はしていなくても、皆さんも加担者であることの重さを、ぜひ感じていただきたいと思います。

送信メール：元気発進472号
送信者：永吉 大洋
宛先：《中川町役場》
送信済：02/11/07 午後7:03

―――

一昨日、中川にお越しいただいたＷ旭川開発建設部部長は、山形県の出身だそうです。
ニューカントリー協議会の冒頭挨拶の中で、Ｗ部長は斎藤茂吉と中川町のゆかりに触れながら、これ一つしか覚えていないのですが……と苦笑しつつ、

最上川　逆白波の　たつまでに
　　　　　ふぶくゆふべと　なりにけるかも

と茂吉先生の作品を披露されていました。
この歌は、茂吉先生が昭和21年、疎開先の大石田町で詠まれた代表作中の代表作と言われています。
挨拶の中に短歌が入るのは、なかなか良いものですね。挨拶の幅が広がるとでも言うのでしょうか、奥行きが深まるとでも表現しましょうか、心に訴えかけてくるものがあります。

なんと、かくいう私も何かにつけて挨拶の中に、

小学の　をさなごどもは　朝な朝な
　　　　　この一峠　走りつつ越ゆ

と好きな茂吉短歌を挿入しますが、あまり連発し過ぎますと、過ぎたるは及ばざるが如しになってしまいます（笑）。
挨拶の幅が広がるどころか、かえってその場の雰囲気を壊してしまい、反省することしきりの昨今です。

さて、このところ、庁内のバックグラウンドミュージックの中で、ときどき神山純一さんのヒーリング・ミュージックがかかっています。
神山純一って、誰だ？　ごもっとも。実は私も存じ上げませんでした（笑）。
癒し系の環境音楽の第一人者だそうです。
だそうです……とは、つまり伝聞推定体です（笑）。
神山純一さんは、14日のニューカントリーフォーラムで、「自然からのメッセージ」というタイトルの基調講演をしてくださる予定になっています。
ピアノやシンセサイザーなどの楽器を使い、また照明などのスタッフも同行するとのことで、一体どのような内容の講演なのか、楽しみですね。

ピアノの調律が、前日では駄目なのだそうで、当日の朝に行うとも聞きました。前日の調律では、微妙な狂いが生じてくるのでしょう。さすがプロフェッショナルですね。

そんな神山純一さんが、中川の印象を即興でどのように表現してくれるでしょうか。
期待したいですね！

176

送信メール：元気発進 478号

送信者：永吉 大洋

宛先：《中川町役場》

送信済：02/11/15 午後7：32

昨日は、ニューカントリーフォーラムが盛大に開催されました。
町内外より、児童生徒も含めて400人を超える参加者があり、会場
の山村開発センターもびっしりでした。嬉しい誤算（？）でした
（笑）。
開発局や北海道など、VIPクラスのお客さんも大勢で、ホスト役と
してはいささか疲れました。
それは飲み疲れではないか（笑）。
まあ、そう突っ込まないでください（笑）。

それにしても、基調講演の神山純一さんのピアノやシンセサイザー
を使った講演は、素晴らしかった……の一言に尽きますね。
ラジオのトーク番組も受け持たれているそうですが、独特のゆっく
りした、柔らかな語り口が実に印象的でした。
森の中の水の音や星座の位置を譜面に表現した、星が奏でるシン
フォニーは、とても心地よい旋律で、うっとりさせられました。
即興で作曲されたという「中川」をイメージした曲は、聴く者の心
に染み入るような音楽でした。

懇親会の席で、神山先生にぜひ、あの音楽を中川のテーマ曲として
いただきたい……とお願いをいたしました。

先生いわく「それだけでなく、天塩川を題材にして広域で音楽紀行をしても良いですよ」と思いがけないお話もいただきました。
なんだか、わくわくしてくるような展開ですね。

そう言えば、その懇親会でのエピソードです。
開発局の方が神山先生と懇談していて、先生が早稲田大の出身と伺ったのだそうです。
そこで、「確か、永吉町長も早稲田ですよ」とお話ししたところ、2、3年後輩にあたる先生いわく「永吉町長には、明日、別れるまで内緒にしませんか。もし分かってしまうと、せっかく先生と呼ばれているのに、いきなり"君"付けになってしまいます」（笑）
その話を聞いた私は、「先生、"君"なんてものではありません。完全に呼び捨てです」（笑）
今朝、ホテルでお見送りするとき、ふたりでその話を思い出して、握手をしながら思わず笑い合いました（笑）。

送信メール：元気発進 483号

送信者：永吉 大洋

宛先：《中川町役場》

送信済：02/11/20 午後6:48

昨夜は医療懇談会が開かれ、日頃、中川町の地域医療にご尽力をいただいているK先生、O先生と親しく懇談する機会がありました。話が弾みに弾んでおおいに盛り上がり、少々脱線気味になりました（笑）。

そんな楽しい会話の中で、倉敷の大原美術館や同館のすぐ隣にある喫茶店「L」の話題になりました。

「L」は、前にこの「元気発進」メールでも、触れたことがありましたね。

お店の中の座席が、ボックスではなくて大きなテーブル、つまり町長室のミーティングテーブルよりも、もっと大きなテーブルが真ん中に置かれて、大勢の客が同じテーブルの周りを囲む仕組みになっていました。

今では、そんなかたちの喫茶店は珍しくありませんが、30年前は、とても斬新な感じがしました。

冬には、大きな石炭ストーブが赤々と燃やされて、なかなか印象的な喫茶店でした。

K先生も大原美術館で絵画を鑑賞した後、「L」で休んだことがあるそうです。

「L」はスペインの画家の名前です。

そこでスペインに話が飛んで、イスラム数とキリスト教など宗教論議にもなりました。

それにしてもK先生の博識ぶりには、驚かされました。

さらにびっくりさせられたのは、私がその大きなテーブルで、当時福永武彦の本を一人静かに読んで……と話しますと、K先生は福永武彦の代表作の「廃市」や「海市」が好きだと言うのですね。

そして彼の小品集「愛の試み　愛の終り」も、読んだことがあると聞かされました。

これは驚きです。

福永武彦と言いますと、これはかなりマニアックな作家です。

石原慎太郎を知っているかどうかとは、わけが大分違います（笑）。

それから話が方向転換をして文学に飛び、安岡章太郎、開高健、寺山修司、吉行淳之介、長田弘などの名前が登場しました。

ちなみに長田弘は、詩人です。

K先生の高校時代の友人の中には、まだ小説を書いていて、街頭で配っている方もいるそうです。

「町長は文学部卒ですか？」と聞かれましたが、K先生こそ本当に医学部卒なのでしょうか？（笑）

心配になりました！（笑）

そんな話題で、楽しい一夜を過ごしました。

今日、決算委員会があることも、すっかり忘れて！！（笑）

送信メール：元気発進 495号
送信者：永吉 大洋
宛先：《中川町役場》
送信済：02/12/09 午後6:26

今朝は、大失敗をしてしまいました（笑）。これで2度目です。
昨日、「郷の四季」新年号の原稿を、K編集長に送信しました。
締め切り日よりも2日も早く、胸を張って。

さて、帰ってから寝床に就いてよくよく考えますと、どうも肝心の
短歌の言葉遣いが、歌人として（？）我ながら納得できません（笑）。
そこで表現を変えてと思い、朝一番でK編集長に訂正メールを送っ
たつもりが！　なんと！！
まだ寝ぼけていたのでしょうか？
宛名がK君ではなく、いつもの中川町役場でしたので、すぐに自分
自身にも受信メールが送られてきて、びっくり仰天しました（笑）。

そう言えば、まだ古い話ではありませんね。某省庁の幹部職員が、
省庁内ランを使ってラブレターを同僚に送ったところ、全員に回っ
ていたというあのエピソード（笑）。皆さん、ご存知ですよね？
軽率な職員もいるものだと、当時は私も笑ったものですが、今度は
私が笑われる羽目になりました（笑）。どうぞ、皆さん、思いっき
り笑ってください（笑）。
でもラブレターでなくて、本当に良かった！
これ、本心です（笑）。

さて、広報の「郷の四季」の中でも触れた例のアイスシェルについて……

粉川旭川東海大教授が15日、最初の打ち合わせに来てくださることになりました。

今後、実行委員会の立ち上げを急ぐとともに、前段階のロープ編みなど、実際の作業がスタートすることになります。勿論、誰も経験のないゼロからの取り組みです。作り上げる喜びを共有したい方、皆さんの自発的なご参加を、心からお待ちしております。

コラム3　アイスシェル

　アイスシェルとは氷を材料とする薄い局面版構造物で、長年にわたり粉川旭川東海大教授が研究していたものです。型枠となる空気膜を立ち上げ、－10℃以下の低温で、その空気膜の上に雪と氷を丹念にかけて、少しずつ氷を作ります。夜間の作業が中心になるため、寒さと眠気が最大の敵になります。

　当時のアイスシェルの利用例として、Ｔ酒造では、低温のアイスシェルの中にお酒を一定期間安置して、付加価値のついたお酒を製造していました。Ｔリゾートでは、当時はアイスドームと呼ばれていたようです。年々規模も大きくなり内容も充実して、現在では幻想的な「氷のホテル」や「氷のBAR」なども出現し、多くの観光客に喜ばれているようです。

　さて、中川町のアイスシェルの使い方は？　試験的にアイスシェルを製作した初年度は、本書にありますようにまず製作することに全力を傾注しました。次年度以降は、エコミュージアムの町にふさわしいアイスシェルの利用方法をしっかり考えますと、

元気発進Ⅲ　02/04/01−03/03/20

粉川教授に約束したことが、まるで昨日のことのように思い出されます。

送信メール：元気発進514号
送信者：永吉 大洋
宛先：《中川町役場》
送信済：03/01/07 午後9：30

今日、粉川教授から新年のご挨拶を兼ねて、お電話をいただきました。
そう、2月にアイスシェルの製作を指導してくださる旭川東海大の粉川教授です。
「町長、中川町のアイスシェル作りに協力すると決めたのだから、何でも相談してくださいね」……とても嬉しく、そして力強い粉川教授のお言葉でした。

アイスシェル作りにおいては元祖のTリゾートも、「共に手を携えて頑張りましょう、何でも協力いたします」と粉川教授に約束してくださったとのこと、思いがけない嬉しいお話もいただきました。
近いうちにスタッフとともに、見学も兼ねて先輩格のTリゾートに、ご挨拶に伺いたいと考えています。
「上川管内の最南端と最北端のマチ。協力し合って、雪や氷の文化を育てなくては！！」
……粉川教授の言葉も、電話の向こうで嬉しく弾んでいるように感じられました。
そう言えば粉川教授は、昨日出身地の神奈川から帰ってきたばかりだそうで、「やっと雪と氷の世界に戻ってきました」が電話での第一声でした。

アイスシェル研究の、粉川教授なればこそのお言葉ですね。

聞けば、マチおこし推進室のK君は、この正月休暇にご両親とTリゾートを訪れ、実際にアイスシェルを見学して来たとか。
彼の実家のある十勝清水とTリゾートは、そんなに離れていないのかも知れません。
でも近いとか遠いとかの問題ではなくて、すぐに自分の眼で確かめる！
これこそ好奇心というものです。
職務熱心とこの際は誉めておきましょう（笑）。

さて、K君いわく、20メートル級アイスドームはやはり凄かったそうです。Tリゾートでは、シェルでなく、ドームと呼ばれているそうです。
ぜひ、来年は作りたいですね、この中川で。
オイ・オイ・オイ、ちょっと待って！！！（笑）
今年の予定は10メートルなのに！ 15メートルを超えて、来年は、もう20メートルの話ですか？
皆さんの呆れ顔が目に浮かんでまいります（笑）。

送信メール：元気発進 516号
送信者：永吉 大洋
宛先：《中川町役場》
送信済：03/01/13 午前11:19

9日、10日と、旭川・札幌方面に新年の挨拶回りをして、11日に帰ってまいりました。
9日の夜、"とあるところ"で、「天塩川大解氷」のパンフレットを出して話題にしたところ、すぐ近くの席に毎日新聞の報道部長が若い記者と飲んでいました。
アッ、ばれてしまいましたね（笑）。
"とあるところ"とは、ススキノのお酒を飲むところです（笑）。

報道部長いわく、「昨年、うちのY記者の記事が大変な反響を呼んで、地元の中川町にとても喜ばれたと聞いている」
そうです。昨年は「天塩川大解氷」が毎日新聞の全国版「雑記帳」に取り上げられ、その夜ネットニュースのトピックスで紹介されて、町のHPに一晩で2万回ものアクセスが殺到しました。
その元々の記事を書いたのが、Y記者でした。同席していた若い記者が、気を利かせてY記者に携帯電話をかけ、私も1年ぶりに話をすることができました。

「町長、今年も大解氷クイズをするのですか？」とY記者。
「大解氷だけでなく、まだまだ発信したいことがいっぱいあるのです」と私。

元気発進Ⅲ　02/04/01－03/03/20

デスクに昇格して、翌日は遅番だというＹ記者にお願いをして、次の日の夕方４時に会う約束をしました。

そうなのです。

この機会に、何としても「森の学校」を売り込まなくちゃ（笑）。

道新はいくら頑張っても、稚内から函館までの読者しかいません。

その点、全国紙は違います。

「道内では逆立ちをしても道新にはかないませんが、全国に伝えられることが記者としてのプライド」とＹ記者。

でも全国版でなんて、わがままは言いません（笑）。何とか首都圏版で「森の学校」を取り上げてくださいと、Ｙ記者……オッと失礼、Ｙデスクにお願いをしてきました。

さて、どうなるでしょうか？

Ｙデスクは熱心に話を聞いてくださって、載るように頑張りますと約束してくださいましたが。

首尾よく首都圏版に掲載されて、受講生が殺到すると良いですね。

送信メール：元気発進 517号
送信者：永吉 大洋
宛先：《中川町役場》
送信済：03/01/28 午後9:11

久しぶりの「元気発進」メールです。
ちょうど、2週間ぶりですね。
こんなに休んだことは、この2年間、ありませんでした。なんだか、いつもの軽い調子の感覚を取り戻すのに、時間がかかりそうです（笑）。
少し言い訳がましくなりますが、昼間は予算のヒアリング、夜は各種の新年会となぜか今年は忙しい日程が続きました。

その間にマチおこし推進室の面々とTリゾートへアイスシェルの見学とご挨拶、H主任研究員と熊本県天草の御所浦町へのご挨拶、
その帰りに札幌中川会、旭川中川会の出席と行事や出張が目白押しでした。

Tリゾートへは、アイスシェル作りの先輩格に敬意を表するためです。
シェル製作を担当するスタッフの皆さんから、灯りに照らされた幻想的な夜のシェルにご案内いただき、また日中は製作工程について、熱心にご指導をいただきました。失敗談や苦労話も聞かせていただきました。
ありがとうございます。

元気発進Ⅲ　02/04/01－03/03/20

奇しくも上川管内の一番南と北の端です。

手を携えて、また競い合って、アイスシェルを雪と氷の文化にまで
高められたら、素晴らしいことですね。

御所浦町は、この夏、エコミュージアムセンターで開催される恐竜
特別展に、恐竜の骨格標本をお借りするため、ご挨拶に伺ったもの
です。

御所浦町は恐竜の島として有名で、全島博物館構想を持っている町
です。体験学習として修学旅行生に好評で、昨年は600人、今年は
すでに1,500人の予約が入っているそうです。

町長さんを始め、収入役さんや教育委員会の職員、研究員の皆さん
から、大変な歓迎を受けました。

夜は収入役さんが応接してくれて、民宿で懇親会が開かれましたが、
なんと行きも帰りも海上タクシー（笑）。

これが何とも良い雰囲気なのですね（笑）。

予約の時刻通りにモーターボートが現れて、船着き場から船着き場
へ移動するのです。

懇親会の最中には、その民宿の奥さんの弟の議会運営委員長が、
「何か遠くから町長さんが見えたとか……」と焼酎を両脇に２本抱
えて乱入（笑）してくるなど、漁師町の開放的な雰囲気が満喫でき
て、実に楽しいひとときでした（笑）。

そうそう、その焼酎がとても美味しい味でした。北海道の無味乾燥
な甲類の焼酎とは違って、あの少し匂いや味のある乙類の焼酎です。

なんだか、すっかり焼酎党に転向です（笑）。

料理も、タイやあわび、シマアジ、クロダイ、ウニなど、海の幸が
テーブルいっぱいに並べられました。
もったいないことに、ほとんど残してしまいましたが。
今、後悔しています（笑）。

さて、いつの間にか宴席から議運委員長と教育委員会の課長がいな
くなりました。
帰ったのかなと思っていましたら、今度は台所横の食堂で、民宿の
ご主人夫婦と飲んでいたのですね。
トイレに立ったときに、開け放された台所を覗くと「町長、こっち
さ来い」
それからは楽屋裏の食堂に舞台を移して、一層楽しく話が盛り上が
り、お客様用でないご馳走もいただきました（笑）。
「それにしても台所さまで来て飲む、こんなくだけた町長は初めて
だ」（笑）
旅の醍醐味を満喫したひとときでした（笑）。

さて明日からは、「東京中川会」出席や「天塩川大解氷」クイズの
PRのため、東京に出かけます。

送信メール：元気発進 518号

送信者：永吉 大洋

宛先：《中川町役場》

送信済：03/01/29 午後6:09

昨日は粉川教授が見えられて、アイスシェル製作に向けて、本格的な現地での打ち合わせがありました。

いよいよ作業状況も、目に見える形になって、ナポートパークに一部出現してまいりました。

勿論、まだ基礎部分ですが。

さて、PR好きの町長としては、この際、少しだけ私自身について皆さんに宣伝しておきましょう（笑）。

内輪の皆さんにPRしても、しょうがない気もしますが（笑）。

毎日新聞１月19日の朝刊の「ひと」の欄に、なんとこの私が取り上げられました。

何と言ってもこの欄は、全国版です。

つまり全国的に紹介されたということで、私個人の名前はともかく、中川町の名前が紹介されたことは、素晴らしいことだと思います。

考えてみますと、今後も悪いニュースでは全国版に掲載されることはあっても、良いことではあまりなさそうです。

東京や広島の知人からも、「新聞を見てびっくりした」とメールやお電話をたくさんいただきました。

例えば、この記事を"広告"として計算しますと、一体いくらにな

るのでしょうか？　半端なお金ではないはずですね。

それでは、どんな記事なのか……ですって？

ハイハイ、例によって例の如く、見出しの文章だけ紹介いたしましょう（笑）。

……………………

都会の皆さん　私の町にきませんか

過疎の町から発信　北海道中川町長　永吉大洋さん

……………………

内容は、「天塩川大解氷クイズ」と「森の学校」を組み合わせたもので、記者によりますと、私の人物像に焦点を合わせたものだそうです（笑）。

詳しく読みたい方は、どうぞ毎日新聞のHP、もしくは記事をご覧ください。

誰も詳しくなど読みたくもない。

ナルホド、ナルホド！！

アリャリャ、気がつけば、やっぱり自己宣伝っぽくなってしまいましたね（笑）。コリャまた失礼（笑）。

送信メール：元気発進 532号

送信者：永吉 大洋

宛先：《中川町役場》

送信済：03/02/20 午後6:25

18日早朝、アイスシェルがようやく完成しました。待ちに待った嬉しい完成です。

その夜は、いいえ、その朝はと言うべきでしょうか、最低気温が－23度まで下がりました。製作スタッフ一同は、まさに寒さと眠気との闘いでした。本当にご苦労様。

私を含むロートル組は、深夜12時過ぎに退散しました（笑）。

シェルの出来栄えは、ご指導いただいている粉川教授からも誉められるほどの、素晴らしい仕上がりでした。手を抜けば、ちゃんと分かるのだそうです。

これから内装にも手を加えて、26日には神山先生にシェルの中で曲想を練っていただき、その後は町民の皆さんに広く開放する予定です。

少しでも多くの皆さんに、アイスシェルを体験していただきたいですね。

さて、昨夜は粉川教授に再びお出でをいただき、製作実動部隊と焼き肉で、細やかな完成祝いをいたしました。バーベキューハウスで、寒さに震えながら（笑）。

今回は10メートルのアイスシェルでしたが、夢は50メートルのア

イスシェル！！　粉川教授のお話ですと、40メートル級でもう世界初なのだそうです。

教授と私は、意見が一致します。完成したら、中に能舞台を作って"能"を舞う……なんていかがですか。飲むほどに酔うほどに、夢は際限なく大きくなりました（笑）。

突然、粉川教授の目に涙が浮かびました。いいえ、涙が流れた……と表現しても、決して言い過ぎではないでしょう。

「自分の研究をこんなにも大切にしてくれて！　私が考案したアイスシェルで、こんなにも夢が次から次へと膨らんで！」

おそらくは研究者冥利に尽きる！　教授はそうおっしゃりたかったのでしょう。

「中川町とこんな風に知り合えて、とても良かった」！！　教授のその言葉を、私たちは大切にしていきたいと思います。

さて、今日は臨時議会でした。

この４年間、自分自身、様々な感慨はありますが、個人的な願望を乗り越えて、再度立候補をすることにしました。私が町長をすることが、中川町にとって良いことなのかどうか、それは後世の人が判断してくれることですが、やはりこの決断には自分なりに勇気が必要でした。

前途は大変厳しい状況です。でも今は進まなければならない……そんな心境です。

明日から25日まで、「小さくても輝く自治体フォーラム」、「自治権確立総決起大会」などの出席で、長野と東京に出向いてまいります。

小雪舞う　夜のしじまに　シェル作る
　　　　　　　　除雪機の音　闇に消え入る

送信メール：元気発進 542号
送信者：永吉 大洋
宛先：《中川町役場》
送信済：03/03/19 午後7：47

昨日で、会期を２日間残し定例議会が終了いたしました。
今回は統一地方選挙前の最後の定例議会でした。

夜の懇親会に集結した議員さんも私も、何かしらいつもの懇親会とは一味違う、解放されたような、逆に緊張したような、一種独特の雰囲気に包まれました。
選挙を経て、また議場や町長室に戻ってくることが、果たしてできるのかどうか、"神のみぞ知る"といったところですものね（笑）。
職員もいつもより多く出席をしていただきました。
ありがとうございます。

予算審査特別委員会では、本会議で一般質問が全くなかった分、多くの議員さんから集中砲火のごとく質問が浴びせられました。それも傍聴席を意識しながら（笑）。
でも"昨日の敵は、今日の友"ではありませんが、懇親会ではまさに"呉越同舟"の言葉ピッタリの趣でした（笑）。
お互いに明日を知らぬ身……"同病相憐れむ"ですものね（笑）。

さて、今日は粉川教授にお出でいただいて、アイスシェルの解体作業が実施されました。同教授の診断によりますと、氷の厚さはまだ

10センチ以上もあって、ピンとした良好な状態を保っていたようです。

同教授の指導をキチンと守ったおかげ……とお誉めをいただきました。

でも、この状態のうちに壊すことが、やはり適切でしょう！

教授の一言でブルドーザーを乗り入れました。

「壊すときには、涙が流れてきますよ」！！　実際にＴリゾートの女子職員は、号泣したそうです（笑）。

さてどうでしょう？

苦労を重ねたマチおこし推進室のメンバーを始め、公社の職員も笑顔、笑顔、笑顔（笑）。

この笑顔は、来年のアイスシェル製作に向けての、"夢と希望"の発露と理解いたします。

では、来年の"夢と希望"って、な～んだ？

それは"秘密のアッコちゃん"です（笑）。

送信メール：元気発進 543号
送信者：永吉 大洋
宛先：《中川町役場》
送信済：03/03/20 午後7：37

いよいよアメリカのイラク攻撃が始まりました。

単純にこの攻撃が正しいとか、正しくないとか、軽々に発言をすることは避けますが、たとえ仮に正しい攻撃であったとしても、最も被害を受けるのは、武器を持たない一般の人々や女性、高齢者、そして子供たちであることは明白です。

一刻も早くこの戦いが終わって、多くの人々の命が守られますように祈るばかりです。

それにしても、攻撃開始を告げるブッシュ大統領の表情には、まさに映画やテレビで映し出される西部劇のヒーローのごとく、気持ちが激しく昂揚している様子がありありと浮かんでいました。

1945年、つまり第2次世界大戦の終戦の年に生まれた私が、現在57歳。私以下の年齢の人は、日本が直接関連した戦争経験が全くない世代とも言えます。

日本は、戦争の無残さや悲惨さを経験した世代が、もう少なくなっているのですね。

勿論、戦争を知らないことは素晴らしいことですが、でも戦争の恐ろしさだけは、しっかり学ぶ必要があります。

実際に戦争を知らない世代は、本物の戦争を"劇画"や"映画・テ

レビ"の世界と混同してしまいがちです。

戦争の恐ろしさ、悲惨さ……しっかりと胸に刻み込みたいですね。

アッ、またまた"道学者"めいてまいりました（笑）。

これって、私の悪い癖です（笑）。

後書き

　町長職を離れてから、22年の歳月が流れました。

　この間、この「元気発進」メールを再読したことはありませんでした。当時はUSBメモリーでの保存ではなく、実際にプリントアウトした紙の保存でしたので、膨大な量の紙が、長い間、書棚の奥に積まれたままになっていました。

　ある日、たまたま取り出して読み始めたところ、当時の職員とのやり取りのひとこまひとこまが、まるで昨日のことのように鮮明に思い出されて、一気呵成に読み切ってしまいました。職員の皆さんとともに力を合わせてマチづくりに励んだことが、今はとても懐かしく思い出されます。20年以上も月日が経過をしていますので、当時のほとんどの職員はすでに退職されていますが、この機会に改めて厚くお礼を申し上げます。

　この「元気発進」を本にしたい！　突然ですが、そう思い立ちました！

　私が当時「元気発進」で職員に伝えたかったメッセージは、新しいマチづくりを目指すこれからの世代の人たちに、今でもお役に立てていただけるかも知れない……そう考えたからです。加えて、ともにマチづくりに励んだ当時の職員の皆さんへ、私からのささやかなはなむけになれば……そう思えたからです。

　ただこの「元気発進」が、実際に書籍として値するものかどうか、皆目見当もつきませんでした。懇意にしていただいている知人の中

村玲子様にご相談いたしました。中村様には、膨大な量の543号全てのメールに目を通していただいた上で、ぜひ出版を……と強くお勧めをいただきました。幻冬舎を紹介していただいたのも、中村様です。

　彼女のご助言がなければ、日の目を見ることがなかった本書「元気発進」です。心から厚くお礼申し上げます。

　最後になりましたが、「元気発進」出版にあたり、お世話いただいた幻冬舎の田中様、ご担当いただいた小野様、前田様に深く感謝を申し上げて、筆をおくことにいたします。

　ありがとうございました。

ふるさとの　輝く明日を　夢に見て
　　　　　　ただひたすらに　歩みし４年

〈著者紹介〉
永吉大洋（ながよし だいよう）
1945年　北海道中川郡中川町に生まれる
早稲田大学法学部卒業
北海道新聞記者、大永建設㈱社長を経て、中川
町長
北海道大学大学院法学研究科修士課程修了
ぐるーぷほーむ　かやのみ　役員

元気発進
げんき はっしん

2024年11月29日　第1刷発行

著　者　　　永吉大洋
発行人　　　久保田貴幸

発行元　　　株式会社 幻冬舎メディアコンサルティング
　　　　　　〒151-0051　東京都渋谷区千駄ヶ谷4-9-7
　　　　　　電話　03-5411-6440（編集）

発売元　　　株式会社 幻冬舎
　　　　　　〒151-0051　東京都渋谷区千駄ヶ谷4-9-7
　　　　　　電話　03-5411-6222（営業）

印刷・製本　中央精版印刷株式会社
装　丁　　　立石愛

検印廃止
©DAIYO NAGAYOSHI, GENTOSHA MEDIA CONSULTING 2024
Printed in Japan
ISBN 978-4-344-94937-9 C0095
幻冬舎メディアコンサルティングＨＰ
https://www.gentosha-mc.com/

※落丁本、乱丁本は購入書店を明記のうえ、小社宛にお送りください。
送料小社負担にてお取替えいたします。
※本書の一部あるいは全部を、著作者の承諾を得ずに無断で複写・複製することは
禁じられています。
定価はカバーに表示してあります。